Maria Luise Prean-Bruni
Komm in deine Bestimmung

Maria Luise Prean-Bruni

Komm in deine Bestimmung

Gott hat dich als Original erschaffen,
stirb nicht als Kopie

SCM
R.Brockhaus

SCM

Stiftung Christliche Medien

Der SCM Verlag ist eine Gesellschaft der Stiftung Christliche Medien, einer gemeinnützigen Stiftung, die sich für die Förderung und Verbreitung christlicher Bücher, Zeitschriften, Filme und Musik einsetzt.

MIX
Papier aus verantwor-
tungsvollen Quellen
FSC® C083411

2. Auflage 2016

© 2014 SCM-Verlag GmbH & Co. KG, 58452 Witten
Internet: www.scm-brockhaus.de; E-Mail: info@scm-verlag.de

Die Bibelverse sind folgender Ausgabe entnommen:
Neues Leben. Die Bibel, © der deutschen Ausgabe 2002 und 2006
SCM-Verlag GmbH & Co. KG, 58452 Witten.

Umschlaggestaltung: Provinzglück GmbH · www.provinzglueck.com
Satz: Satz & Medien Wieser, Stolberg
Druck und Bindung: CPI books GmbH, Leck
Gedruckt in Deutschland
ISBN 978-3-417-26572-9
Bestell-Nr. 226.572

Jakob war ein Manipulierer,
Petrus war ein Feigling.
David hatte eine Affäre,
Noah hat sich betrunken.
Jona rannte weg von Gott,
Mose stotterte und war impulsiv.
Paulus war ein Mörder,
Gideon war unsicher.
Mirjam war eine Schwätzerin,
Marta machte sich um alles Sorgen.
Thomas war ein Zweifler,
Sara war ungeduldig.
Zachäus war klein,
Abraham war alt und Lazarus war tot ...

Gott beruft nicht die Begabten, er begabt die Berufenen!

INHALT

Vorwort von Geri Keller

In den Neunzigerjahren fanden in Friedrichshafen einige Dreiländerkonferenzen statt, die viel Frucht für das Reich Gottes brachten. Maria, damals noch mit ihrem inzwischen heimgegangenen Mann Herbert, war an ihnen maßgeblich beteiligt. Vor einiger Zeit dachten wir dann darüber nach, ob nicht alle ehemaligen Teilnehmer sowie die Teams und Referenten nochmals an dieser Stätte des Segens zusammengerufen werden sollten, um Gott zu danken und Zeugnis zu geben von dem, was er weiter in unseren Leben gewirkt hat. Ich hätte mich ganz besonders auf das Zeugnis von Maria gefreut, hat sie doch in den folgenden Jahren die Grenzen ihres Lebens erweitert wie wohl wenige von uns. Nun, die Dankkonferenz ist nicht zustande gekommen, dafür hat Maria in nunmehr drei Büchern ihr Lebenszeugnis, mehr noch: die Summe ihres Lebens, niedergelegt.

Das vorliegende Buch *Komm in deine Bestimmung* ist die wohl schönste und reifste Frucht ihres bisherigen Lebens. In unserer christlichen Literatur geht es oft vor allem um Zeichen, Wunder und Gebetserhörungen; die Leser bleiben dabei manches Mal unzufrieden und frustriert zurück, weil man auf Dauer nicht von Wundern anderer leben kann. Auch Maria erzählt ihre Wundergeschichten, aber sie führt den Leser Schritt für Schritt hinein in das Geheimnis eines Lebens im Geist. Da gibt es kein »Tischlein, deck dich!«, keine Abkürzungen und falschen Versprechungen. So wie die Israeliten als Vorbereitung für das Neue zuerst beschnitten werden mussten, geht's auch in diesem Buch ans »Eingemachte«. Maria scheut sich nicht, auch unbequeme Fragen zu stellen, wie zum Beispiel diese: »Bist du schon tot?« Doch keine Angst: Hier werden einem keine Wahrheiten um die Ohren geschlagen. Ich kenne wenig Bücher, die so randvoll von Ermutigung und goldenem Humor sind wie dieses.

Tatsache ist, dass das Evangelium von Jesus Christus als die beste aller Botschaften unter Christen oft so verzweifelt viele Missverständnisse, Verwirrung und innere Kämpfe auslöst. Möglich,

dass jenes alte Sprichwort hier zutrifft: Bei einem falsch zuge-
knöpften Mantel hilft nichts anderes, als dass man ihn wieder auf-
knöpft! Maria erzählt in ihrem Buch freimütig von ihren eigenen
Kämpfen und Krämpfen, bevor sie in die herrliche Freiheit der
Kinder Gottes durchbrach. So wichtig Bekehrung und Heils-
gewissheit sind – der Ansatz des Evangeliums ist viel umfassender.
Wir sind geschaffen mit einer ewigen Bestimmung für das Leben
auf dieser Erde. Entsprechend geht es auch nicht um Halbheiten
oder vorsichtige »Babyentscheidungen«. Der erste Knopf beim
frisch Zuknöpfen heißt: ganz. Statt sich wundzuscheuern an der
ständigen Frage, was denn die eigene Berufung sein könnte, lernen wir, der Stimme des Geistes in uns zu vertrauen und ihr zu
gehorchen. In großer Autorität und Weisheit knöpft Maria so
Knopf um Knopf neu zu, sodass sich vor uns ein weites Land von
Freiheit und Verantwortung auftut, und wir merken: Es ist ja alles
viel, viel einfacher, als wir uns das je gedacht hätten!

Abgesehen von der Fülle herrlicher Geschichten ist dieses Buch
gespickt mit originellen, einprägsamen Glaubensweisheiten. Sie
sind wie Griffe in einem Bus, an denen man sich im Stoßverkehr
des Alltags festhalten kann. Und falls du sie aufschreiben und gut
sichtbar in deiner Wohnung anbringen möchtest, wirst du Stoff
genug haben, all deine Wände damit neu zu tapezieren. Vor allem:
Du wirst entdecken, dass du »kein Problem, sondern ein Geschenk Gottes« bist und dass das Evangelium eben doch durch
und durch eine überwältigende Freudenbotschaft ist und bleibt!

Geri und Lilo Keller im Oktober 2013
Gründer der Stiftung Schleife, Pfarrer und Seelsorger

Vorwort von Hannes und Erika Steets

Maria Prean ist es wieder einmal gelungen, in diesem Buch eine der sehr häufig gestellten Fragen zu beantworten. In ihrer typischen liebenswerten Art gibt sie allen Lesern Hilfen auf biblischem Fundament und aus persönlicher Erfahrung, ihre Bestimmung zu finden. *Komm in deine Bestimmung* ist eine Ermutigung dazu, Gottes Willen zu suchen und ganz persönliche Entscheidungen zu treffen. Ihr Aufruf im Kapitel 4, frei zu werden, entspricht dem Wort von Paulus an die Galater (Galater 5,1.13), nach dem wir zur Freiheit befreit und berufen sind. Beim Lesen wird nach und nach deutlich, was speziell die eigene Bestimmung ist.

Geh auf Entdeckung und lerne staunend, wie Gott der Herr über dich denkt. Das Buch wird dich im Glauben stärken und dir kostbare Wegweisung sein.

Hannes und Erika Steets im Oktober 2013
Langjährige Mitarbeiter von Maria Prean, Referenten

Vorwort von Dr. Christoph Häselbarth

In diesem besonderen Buch kommt die große Gabe von Maria Prean voll zur Geltung, nämlich eine Ermutigerin zu sein. Auch Personen, die schon lange Christen sind und meinen, schon alles zu wissen, werden durch dieses Buch ermutigt, geistlich noch einmal neu durchzustarten. Während du dieses Buch liest und über den Inhalten betest, wird sich vor dir das weite Land öffnen, das Gott für dich bereithält.

Die vielfältigen Anregungen und Ermutigungen, die dieses Buch von vorn bis hinten füllen, sind durchweg biblisch belegt und von Maria im praktischen Leben erprobt. Ihr großer Glaube, der durch bewegende Beispiele untermauert ist, leuchtet aus jeder Buchseite heraus und wirkt absolut ansteckend auf jeden Leser.

Menschen, die starke Probleme haben oder in einer Sackgasse stecken, sollten dieses Buch unbedingt lesen, da es voller guter Anregungen ist. Nach der Lektüre und der Umsetzung der Wahrheiten wird sich mancher Hilferuf an Seelsorger erübrigen.

Insgesamt werden dem Leser Auswege aus Lebensbegrenzungen aufgezeigt und er wird hineingeführt in das weite Land seiner Bestimmung – und das ist es doch, was wir uns alle wünschen und was wir auch erwarten dürfen. In einer Zeit, in der so viele Menschen orientierungs- und visionslos sind, regt dieses Buch zu einem guten Neuanfang an. Es geht um das, was Jesus in Johannes 10,10 verheißt: »Ich bin gekommen, dass sie Leben in Fülle haben.«

Maria Prean lebt selbst dieses Leben in Fülle und sie versteht es, die Leser zu ermutigen, die Geheimnisse dieses erfüllenden Lebens zu entdecken.

Liebe Maria, dieses Buch wird vielen Lesern die Augen und das Herz öffnen, um neu zu lernen, wie man aus göttlichen Gnadengeschenken glücklich leben kann.

Dr. Christoph und Dr. Uta Häselbarth im Oktober 2013
Gründer und Leiter des Josua-Dienstes und Philippus-Dienstes

Kapitel 1

Vom Tod zum Leben

Er hat uns befähigt, Diener seines neuen Bundes zu sein, eines Bundes,
der nicht auf schriftlichen Gesetzen beruht, sondern auf dem Geist Gottes.
Der alte Weg führt in den Tod, aber auf dem neuen Weg schenkt der
Heilige Geist Leben.

2. KORINTHER 3,6

Ein Mann kam nach Hause und fand sein Haus überschwemmt. Sofort holte er einen Eimer und Tücher und fing an zu wischen. Er wischte und wischte und schwitzte und schwitzte, er strengte sich unglaublich an, aber das Wasser schien kein Ende zu nehmen.

Irgendwann kamen die Nachbarn und halfen ihm. Doch es wurde nicht besser. Schließlich besuchte er Kurse, wo man lernte, geschickter zu wischen. Auch für Konferenzen gab er viel Geld aus, um eine Lösung für sein Problem zu finden. Und immer wieder schöpfte er Hoffnung, dass er mit der neuen Anstrengung die Sache endlich in den Griff bekommen würde. Aber es gelang ihm nicht.

Er hatte die besten Absichten, war der Aufgabe völlig hingegeben, setzte alle seine Kräfte ein, strengte sich sehr an, überlegte sich ständig neue Methoden und freute sich über Teilerfolge, aber alles endete immer wieder im Frust.

Eines Tages, als er bereits total erschöpft und sehr müde war – er wünschte sich schon den Tod –, kam ein Freund vorbei. Dem bekannte er, dass er nicht mehr könne und kapituliere. Daraufhin ging der Freund ins Haus und drehte den Wasserhahn ab.

Das könnte die Geschichte meines Lebens sein. Schon mit sieben Jahren habe ich Jesus in mein Herz eingeladen und ihm mein Leben übergeben. Ich war immer überzeugt davon, dass ich Jesus angenommen hatte, aber trotzdem glaubte ich, dass ich mich noch sehr anstrengen müsse, damit auch er mich annehmen könne. So begannen meine mühevollen Jahre.

So sahen einige der Denkmuster aus, die in mir abliefen und mich knechteten:

Jedes gute Werk, das ich sah, war meine Verpflichtung.

Ich besuchte Exerzitien und Einkehrtage, weil ich dachte, nur so Gott näherkommen zu können.

Ich wollte ein guter Mensch werden.

Ich wollte die Welt verbessern.

Jede Not war mein Problem.

»Nein« war ein schmutziges Wort für mich, das Christen nicht gebrauchten.

Ich musste geben, selbst wenn ich nichts mehr hatte.

Es ging vor allem darum, andere zu lieben, nicht mich selbst.

Der Wille Gottes war immer schwer.

Nicht zu sündigen war ein ständiger Kampf.

Oft wollte ich am Morgen gar nicht aufstehen, weil ich solche Angst hatte, gleich wieder Fehler zu machen.

Tun, tun, tun und *nicht tun, nicht tun, nicht tun* waren die treibenden Worte in meinem Herzen, die wie Peitschenhiebe auf mich wirkten.

Doch dann deckte der Heilige Geist die Motive meines Herzens auf und ich erkannte, warum ich so getrieben war. Ich war voll von Selbstgerechtigkeit, wollte es jedem recht machen – Gott und den Menschen –, ich war voller Stolz und hatte Angst vor Ablehnung. Ich glaubte, dass es möglich sei, mit möglichst viel Anstrengung mein Herz zu verändern und mich so zu verhalten, dass Gott mit mir zufrieden wäre.

Es war an einem Karfreitag, als ich zutiefst erkannte, dass ich ein Sünder bin und bleibe und dass ich das aus eigener Kraftanstrengung heraus nicht ändern können würde. Ich war am Ende, geistlich, seelisch, körperlich ein Wrack und hatte nur noch eine Chance: zu kapitulieren. Als ich das tat, begann ein neues Leben für mich.

Absolut unmöglich

Wenn wir mit unserer Weisheit am Ende sind, dann beginnt Gott, Wunder zu wirken. Jemand hat einmal zu mir gesagt: »Das christliche Leben zu leben ist nicht schwer, es ist absolut unmöglich!« Das stimmt insofern, als dass es absolut unmöglich ist, solange es ohne Christus betrachtet wird, solange er außen vor gelassen wird. Doch wenn wir ihn miteinbeziehen, haben wir für alles, was er sagt, alles, was er ist – und das ist alles, was wir brauchen.

In unseren Gemeinden wird oft der Fehler gemacht, dass uns immer und immer wieder »Baby-Entscheidungen« vorgelegt werden, die zwar alle Teil der einen, großen, grundsätzlichen Entscheidung wahrer Jüngerschaft sind, aber uns nicht wirklich mit der völligen Kapitulation vor Christus und mit der endgültigen, unwiderruflichen Hingabe – ohne Wenn und Aber – an seinen Willen konfrontieren. Es ist viel leichter, jemanden auf seine Sünden hinzuweisen, als auf seine *Sünde*. *Sünde* ist die Haltung, die die grundsätzliche Stellung zu Gott betrifft. Sie hat mit dem zu tun, was der Mensch ist. Sünden hingegen haben mit dem zu tun, was ein Mensch tut.

Wir alle entwickeln eine erstaunliche Geschicklichkeit, wenn es darum geht, das, was wir tun, von dem zu trennen, was wir sind. Wie ausgefeilt ist doch unsere Kunst der Selbstrechtfertigung! Aus diesem Grund kann ein Mensch auch bedauern, was er getan hat, ohne dabei zuzugeben, dass das, was er getan hat, direkt aus dem folgt, was er ist. Diese Art des Bekennens hat jedoch absolut nichts mit echter Buße zu tun. Sie ist nicht das, was die Bibel »Umkehr« nennt.

Mose konnte sein Volk immer wieder zu Tränen rühren, aber die Israeliten blieben in der Wüste. Sie hatten kein wirkliches Verlangen nach dem verheißenen Land. Dabei fehlte es nicht an Reaktionen auf seine »Predigten«. Letztlich wollten sie aber nichts mit Gott zu tun haben, ihm nicht zu nahe kommen:

Und sie sagten zu Mose: »Rede du mit uns, dann wollen wir zuhören. Gott soll nicht direkt zu uns sprechen, sonst werden wir sterben.«

»Habt keine Angst«, beruhigte Mose sie, »denn Gott ist gekommen, um euch auf die Probe zu stellen: Eure Ehrfurcht vor ihm soll euch davon abhalten Schuld auf euch zu laden!« So blieb das Volk in einiger Entfernung stehen, während Mose sich der dunklen Wolke näherte, in der Gott war. Der Herr befahl Mose: »Richte den Israeliten Folgendes aus: ›Ihr habt es selbst miterlebt, dass ich vom Himmel aus zu euch gesprochen habe ...‹«

2. MOSE 20,19-22

Die Israeliten wollten Religion aus zweiter Hand. Sie wollten weder Gottlosigkeit noch Gottähnlichkeit. Sie konnten nicht leben und hatten Angst zu sterben. Hingabe war für sie ein Geschäft auf Raten, und Mose war ihr Makler.

Bist auch du so ein Mensch, der von Gott nur aus zweiter Hand hören möchte? Oder ist deine Einstellung: »Vater, sprich, dein Kind hört«? Bist du nur interessiert daran, den Verputz, die Fassade deines Lebens etwas zu erneuern und zu verschönern, oder ist dir ernsthaft daran gelegen, das ganze Haus deines Lebens von Gott bewohnen zu lassen?

Erst wahre Hingabe an Jesus Christus gibt dir die Freiheit, der Mensch zu werden, von dem Gott träumt. Sein Leben wird dann in aller Frische, Spontaneität und göttlicher Kraft in dir wirksam und du wirst erleben, dass Ströme lebendigen Wassers beständig aus deinem Innersten fließen: »Wer an mich glaubt, aus dessen Innerem werden Ströme lebendigen Wassers fließen, wie es in der Schrift heißt« (Johannes 7,38).

Wir brauchen diese Ströme lebendigen Wassers zur fortwährenden Reinigung unseres Herzens. Einen Fluss braucht man nicht zu schieben. Er gräbt sich sein eigenes Flussbett und reinigt es, solange er fließt. Ja, Jesus kam, um uns zu reinigen!

Im Hof des Tempels sah er Händler, die Rinder, Schafe und Tauben als Opfertiere zum Verkauf anboten; und er sah Geldwechsler hinter ihren

Tischen sitzen. Da machte Jesus aus Stricken eine Peitsche und jagte sie
alle aus dem Tempel. Er trieb die Schafe und Rinder hinaus, warf die
Münzen der Geldwechsler auf den Boden und stieß ihre Tische um. Dann
ging er zu den Taubenverkäufern und befahl ihnen: »Schafft das alles
fort. Macht aus dem Haus meines Vaters keinen Marktplatz!«

JOHANNES 2,14-16

Wäre Jesus bereit gewesen, Religion so zu akzeptieren, wie er sie
vorfand, dann wäre er wahrscheinlich auch von den Pharisäern
akzeptiert worden. Aber er war ein Unruhestifter. Er wagte es,
den Tempel, das Haus seines Vaters, zu reinigen.

Wir sind der Tempel des Heiligen Geistes (1. Korinther 3,16)
und wir brauchen die Reinigung durch die Ströme des lebendigen
Wassers Jesu vom Dachboden bis zu den Kellergewölben. Jesus ist
gekommen, um die Tempel in den Herzen der Menschen zu reinigen, damit sie wieder »zu einer Wohnung Gottes im Geist« werden können: »Durch Christus,
den Eckstein, werdet auch ihr
eingefügt und zu einer Woh- *Hingabe an Jesus Christus, bei der*
nung, in der Gott durch sei- *es um weniger geht als um Sün-*
nen Geist lebt« (Epheser 2,22). *denreinigung, damit Gott wieder*
Hingabe an Jesus Christus, *in uns wohnen kann, geht am*
bei der es um weniger geht als *eigentlichen Sinn des Kreuzes vorbei.*
um Sündenreinigung, damit
Gott wieder in uns wohnen kann, geht am eigentlichen Sinn des
Kreuzes vorbei. Jesus möchte sich uns voll und ganz anvertrauen
können. Leider lesen wir in Johannes 2,24: »Aber Jesus vertraute
sich ihnen nicht an, denn er kannte sie und wusste, wie es in den
Menschen wirklich aussieht.« Ob das auch heute noch manchmal
der Fall ist?

Du magst Mitglied einer Gemeinde, einer gewissen Konfession
sein, von deinen Freunden anerkannt, magst sogar ein verantwor-
tungsvolles Amt anvertraut bekommen haben und doch ist die
Frage: Kann sich Jesus dir anvertrauen?

Der Wert deiner Hingabe an Jesus Christus wird nur in seiner

Hingabe an dich zu erkennen sein. Die Hingabe des Herrn Jesus an seinen Vater war so beschaffen, dass sich der Vater seinem Sohn voll und ganz anvertrauen konnte.

Jesus Christus hat es abgelehnt, sich den allgemeinen Bedürfnissen seiner Zeit verpflichtet zu fühlen. Er hat sich nicht der politischen Situation Palästinas, nicht der Befreiung der jüdischen Nation vom römischen Joch, nicht den sozialen Problemen seiner Zeit und auch nicht irgendeiner Partei verpflichtet gefühlt. All das war ihm nicht egal und hat ihn nicht kalt gelassen, aber als vollkommener Mensch war er nur seinem Vater verpflichtet, und zwar nur für das, wofür sich der Vater in ihm verpflichtet hatte.

Also sagte Jesus: »Wenn ihr den Menschensohn am Kreuz erhöht habt, werdet ihr erkennen, dass ich es bin und dass ich nichts von mir selbst aus tue, sondern das sage, was der Vater mich gelehrt hat. Der, der mich gesandt hat, ist mit mir – er hat mich nicht verlassen. Denn ich tue immer, was ihm gefällt.

JOHANNES 8,28-29

Jesus war dem Vater völlig ergeben. Deshalb gab es für ihn keine weiteren Fragen mehr. Und auf der gleichen Grundlage, auf der Jesus Christus seine Hingabe an den Vater gelebt hat, fordert er auch deine Hingabe an ihn. Du bist ihm für all das verpflichtet, wofür er sich in dir verpflichtet hat, und zwar ausschließlich. Du bist weder einer Kirche verpflichtet noch einer Konfession oder Organisation. Auch als Missionar bist du nicht einer Missionsgesellschaft verpflichtet, ja, nicht einmal dem Missionsfeld, und am allerwenigsten bist du einer »Not« verpflichtet. Du bist Christus verpflichtet, und zwar für alles, wofür sich Christus in dir verpflichtet.

Die Not ersetzt niemals den Ruf

Mose hat den Ruf mit der Not verwechselt. Von menschlichem Mitleid bewegt und um seinen Brüdern zu helfen, erschlug er einen Ägypter (2. Mose 2,11-15). Dadurch wurde er für Gott und die Menschen zunächst unbrauchbar. Vierzig Jahre Wüste folgten.

Abraham fühlte sich dem Willen Gottes verpflichtet, als es um seine Nachkommenschaft ging, nicht aber Gott selbst gegenüber, von dem der Wille kam. In seinem blinden Eifer versuchte er, Gottes Handeln durch menschliches Handeln zu erzwingen. Letztlich musste Abraham einen hohen Preis dafür zahlen, dass er Hagar, die Magd Saras, zu sich nahm. Ismael, der Vater der Araber, wurde geboren. Noch heute hat Israel die Ernte dieses Samens des Fleisches zu ertragen. Ismael war das Nebenprodukt einer falsch verstandenen Hingabe. Er war die vernünftige Alternative des Teufels zum Glauben.

Und als dann fünfzehn Jahre später Isaak geboren wurde, der Sohn der Verheißung, wurde er von Ismael verspottet. Und er hat ihn seither immer verspottet. »Einst wurde Isaak, der Sohn der Verheißung, von Ismael, dem Sohn der Sklavin, verfolgt. So ist es auch noch heute« (Galater 4,29). Wir müssen lernen, dass der Sohn der Sklavin nicht mit dem Sohn der Freien leben kann.

Gott braucht unsere Mithilfe nicht, um seine Pläne zu erfüllen. Er braucht nur unseren Glauben und unser ausschließliches Vertrauen zu ihm. Dann kümmert er sich um den Rest:

Und Gott fügte hinzu: »Was Sarai, deine Frau, betrifft – du sollst sie nicht länger Sarai nennen. Von jetzt an soll sie Sara heißen. Und ich will sie segnen und dir auch durch sie einen Sohn schenken. Ja, ich will sie überreich segnen und sie zur Mutter vieler Völker machen. Sogar Könige werden unter ihren Nachkommen sein!« Abraham warf sich vor Gott auf sein Gesicht, doch insgeheim lachte er. »Wie kann ich mit 100 Jahren noch Vater werden?«, fragte er sich. »Und Sara ist 90 Jahre alt. Wie kann sie da noch ein Kind bekommen?« Und er sagte zu Gott: »Ja, aber lass Ismael vor dir leben!« Gott aber entgegnete ihm: »Sara, deine Frau,

wird einen Sohn bekommen, den sollst du Isaak nennen. Und ich will
meinen ewigen Bund mit ihm und seinen Nachkommen bestätigen.

1. MOSE 17,15-19

Als Isaak geboren und Abraham gereift war, stellte Gott Abrahams Glauben und sein Vertrauen noch einmal auf die Probe. Er befahl ihm, Isaak, den einzigen Sohn, zu opfern.

»Abraham!«, rief Gott. »Hier bin ich«, antwortete Abraham. »Nimm deinen einzigen Sohn Isaak, den du so lieb hast, und geh mit ihm ins Land Morija. Dort werde ich dir einen Berg zeigen, auf dem du Isaak als Brandopfer für mich opfern sollst.«

1. MOSE 22,1-2

Abraham hätte sagen können: »Aber ich habe zwei Söhne, was ist mit Ismael? Isaak ist nicht mein einziger Sohn.« Dann hätte Gott wahrscheinlich geantwortet: »In meinen Augen ist nur Isaak dein Sohn. Ismael erkenne ich nicht an, er hätte nie geboren werden dürfen.«

Auf Gottes Befehl hin nahm Abraham also den Isaak. Er verpflichtete sich nun Gott. Und bestimmt dachte er bei sich: »Gott, du hast mir Isaak verheißen. Ich konnte mir nicht vorstellen, wie du das zustande bringen wolltest, weil Sara und ich schon so alt waren. In meinem Unglauben und in meiner Dummheit habe ich deshalb Ismael gezeugt. Ich hatte mich deinem Willen verpflichtet und nicht dir selbst; ich meinte, ich wäre für die Erfüllung deines Willens zuständig und nicht du. Und jetzt befiehlst du mir, diesen Sohn der Verheißung zu töten, durch den du mir zugesagt hast, dass du alle Familien auf Erden segnen wirst. O Gott, wenn ich ihn töte, dann verstehe ich nicht, wie du das noch zustande bringen kannst. Aber jetzt bin ich einzig und allein dir verpflichtet, und zwar für all das, wofür du dich in mir verpflichtet hast.«

Und Gott sagte zu Abraham: »Danke Abraham! Das ist alles, was ich wissen wollte. Jetzt lege deine Hand nicht an den Knaben.«

Durch den Glauben war Abraham bereit, Isaak als Opfer darzubringen,
als Gott ihn auf die Probe stellte. Abraham, der Gottes Zusagen empfan-
gen hatte, war bereit, seinen einzigen Sohn Isaak zu opfern, obwohl Gott
ihm versprochen hatte: »Nur die Nachkommen Isaaks sollen als deine
Nachkommen bezeichnet werden.« Abraham ging davon aus, dass Gott
Isaak wieder zum Leben erwecken konnte, wenn er gestorben war. Und
in gewisser Weise bekam Abraham seinen Sohn tatsächlich von den Toten
zurück.

HEBRÄER 11,17-19

Abraham hat das Geheimnis wahrer Hingabe entdeckt. »So geschah genau das, was die Schrift sagt: ›Abraham glaubte Gott,
und Gott erklärte ihn für gerecht.‹ Er wurde sogar ›Freund Gottes‹
genannt« (Jakobus 2,23).

Das ist gelebte, echte Hingabe, das ist gelebte Gottähnlichkeit,
»verstoffwechselte« Wahrheit: Du übergibst alles, was du bist
(nämlich nichts), an das, was er ist (nämlich alles). Und du kannst
absolut zuversichtlich sein,
dass er, der in dir wohnt, im
höchsten Maße für alles ausreichend ist, wozu er sich in
dir verpflichtet hat – genauso
wie es der Vater war, der in Jesus wohnte.

Du kannst absolut zuversichtlich
sein, dass er, der in dir wohnt,
im höchsten Maße für alles
ausreichend ist, wozu er sich
in dir verpflichtet hat.

Bist du bereit, das den Maß-
stab deiner Hingabe an Jesus sein zu lassen?

Dann muss dich keiner mehr fragen, ob du bereit bist, aufs
Missionsfeld zu gehen, dein Bankkonto, deine Zeit oder deine
Wohnung Gott zur Verfügung zu stellen. Dann wirst du sagen:
Wenn sich Jesus Christus in mir verpflichtet hat, aufs Missionsfeld
zu gehen, dann habe ich mich ihm dafür schon zur Verfügung
gestellt.

Wenn sich Jesus Christus in mir verpflichtet hat, für meinen
irdischen Chef der größte Segen und beste Mitarbeiter zu sein,
dann habe ich mich ihm dafür schon zur Verfügung gestellt.

Wenn sich Jesus Christus in mir verpflichtet hat, meiner Familie eine gute Mutter und starke Gehilfin sowie meinem Ehemann eine zärtliche Geliebte zu sein, dann habe ich mich ihm dafür schon zur Verfügung gestellt.

Wenn sich Jesus Christus in mir verpflichtet hat, meinen letzten Euro in das Reich Gottes zu investieren, dann habe ich mich ihm dafür schon zur Verfügung gestellt.

Wenn sich Jesus Christus in mir verpflichtet hat, einen Dienst unter den Ärmsten zu tun, dann habe ich mich ihm dafür schon zur Verfügung gestellt.

Wenn sich Jesus Christus in mir verpflichtet hat, ein Licht und eine Ermutigung unter meinen Freunden und in meiner Nachbarschaft zu sein, dann habe ich mich ihm dafür schon zur Verfügung gestellt.

Wenn sich Jesus Christus in mir verpflichtet hat, alles zu verlassen um seines Evangeliums willen, dann habe ich mich ihm dafür schon zur Verfügung gestellt.

Wenn sich Jesus Christus in mir verpflichtet hat, meine Frau so zu lieben, wie Jesus die Gemeinde liebt, und meine Kinder in der Liebe und Zucht des Vaters zu erziehen, dann habe ich mich ihm dafür schon zur Verfügung gestellt.

Wenn sich Jesus Christus in mir verpflichtet hat, in Reinheit und Wahrhaftigkeit und Echtheit zu wandeln, was Geist, Seele und Körper betrifft, dann habe ich mich ihm dafür schon zur Verfügung gestellt.

Wenn sich Jesus Christus in mir verpflichtet hat, mich meinen Eltern unterzuordnen, dann habe ich mich ihm dafür schon zur Verfügung gestellt.

Wenn sich Jesus Christus in mir verpflichtet hat, heute einmal Skifahren zu gehen, dann habe ich mich ihm dafür schon zur Verfügung gestellt.

Wenn sich Jesus Christus in mir verpflichtet hat, meinen Feinden, die mich verletzen und verleugnen, zu vergeben, dann habe ich mich ihm dafür schon zur Verfügung gestellt.

Wenn sich Jesus Christus in mir verpflichtet hat, jemanden für kürzere oder längere Zeit in mein Haus aufzunehmen, dann habe ich mich ihm dafür schon zur Verfügung gestellt.

Das Gleiche gilt für alles und für jedes, wofür er sich in mir verpflichtet hat. Es geht jetzt nur noch um eines: nämlich darum, seine Anweisungen zu hören und zu tun. Ich weiß, dass ich für alles, was er will, alles habe, was er ist! Und das ist alles, was ich wissen muss. Seine einzige Botschaft an jeden von

Ich weiß, dass ich für alles, was er will, alles habe, was er ist! Und das ist alles, was ich wissen muss.

uns, wobei die Klassenzimmer und die Lehrer häufiger wechseln, ist: »Vertrau mir.« Das ist wirklich alles, denn du kannst nicht mehr haben, und du brauchst nie weniger zu haben.

Vor Kurzem bekam ich einen Anruf von der Sekretärin der First Lady von Uganda, Mrs. Janet Museveni, sie würde mich gerne sehen. Ich war sehr gespannt, was ihr Anliegen war – ich schätze diese Frau des Präsidenten von Herzen, wir sind uns schon bei anderen Gelegenheiten begegnet und uns verbindet eine herzliche Freundschaft.

Als ich dann in ihrem Büro freundlichst von ihr empfangen wurde, erzählte sie mir – sie ist auch Parlamentsabgeordnete –, dass eine sehr arme Gegend zu ihrem Verwaltungsbereich hinzugekommen sei und dass es dort kaum Schulen gäbe. Sie habe daraufhin gebetet, wer ihr mit dieser Not helfen könne, und daraufhin sei ihr mein Name eingefallen. Deshalb habe sie mich heute hergebeten. Es ginge um den Bau einer Mittelschule für 800 Mädchen, die in größter Not lebten.

Als sie mir das alles erzählte, empfand ich gleich Freude und Frieden in meinem Herzen, und das sagte ich Mama Janet (wie wir sie liebevoll nennen dürfen) auch. Allerdings konnte ich kein Versprechen eingehen, solange ich nicht wusste, ob der Bau dieser Schule auch der Plan Gottes für mich persönlich war. Denn ich kann nur dann die Gewissheit haben, dass der Herr für ausreichende finanzielle Mittel sorgen wird, wenn er sich zu dieser Sache in mir verpflichtet hat. Dann stelle ich mich ihm gerne zur Verfügung.

Mama Janet ist eine tiefgläubige Frau und ich kann ihr vertrauen, dass sie wirklich auf Gottes Stimme hört. Deshalb habe ich ihr versprochen, dass ich über diese Sache beten würde und den Herrn um eine klare Antwort bitten würde. Er solle mir seinen Plan offenbaren. Ich bin mir dessen gewiss: Was Gott geplant hat, das bezahlt er auch, und was er anfängt, das macht er auch fertig.

Dieses Treffen fand im Staatshaus in Entebbe statt. Als ich alleine heimfuhr, war es schon dunkel, doch da in der Nähe auch der internationale Flughafen ist, ist die Straße Richtung Kampala auch am Abend noch sehr belebt.

Während ich in der Kolonne fuhr, redete ich mit dem Herrn und bat ihn, er solle mir doch ein klares Zeichen geben, damit ich erkennen könne, was sein Plan in dieser Sache sei. Da überholte mich plötzlich ein LKW und beförderte mich fast in den Straßengraben. Ich wurde richtig wütend auf den Fahrer, aber mein Zorn verflog sofort, als ich auf der Plane an der Rückseite des LKWs in großen Buchstaben las: »GOD'S PLAN« (Gottes Plan).

Sofort wurde mir klar, dass der LKW wohl einen Auftrag von oben hatte, mich zu überholen, damit ich das Reden Gottes in großen Buchstaben vor mir lesen konnte. Nun habe ich die Gewissheit im Herzen, dass diese Schule bis Ende des Jahres finanziert und fertig gebaut sein wird. Dem Herrn gebührt alle Ehre dafür und wir dürfen die Freude behalten.

Wir sind Berufene

Ein großer Erweckungsprediger hat einmal gesagt: »Gib mir fünf Frauen und Männer, die Gott mehr lieben als alles andere und die die Sünde mehr hassen als alles andere, und ich werde mit ihnen die Welt verändern!«

Wir leben in einer Zeit, in der wir diese Entschiedenheit in jedem einzigen Gläubigen brauchen. Paulus sagt uns im Epheserbrief 1,18-20a:

Ich bete, dass eure Herzen hell erleuchtet werden, damit ihr die wunderbare Zukunft, zu der er euch berufen hat, begreift und erkennt, welch reiches und herrliches Erbe er den Gläubigen geschenkt hat. Ich bete, dass ihr erkennen könnt, wie übermächtig groß seine Kraft ist, mit der er in uns, die wir an ihn glauben, wirkt. Es ist dieselbe gewaltige Kraft, die auch Christus von den Toten auferweckt hat.

Wir sind Berufene, Gesandte in dieser Welt, mit einem Auftrag, der weit über unser persönliches Wohlergehen hinausgeht. In 2. Petrus 1,10 lesen wir: »Deshalb, liebe Freunde, bemüht euch zu zeigen, dass Gott euch berufen und erwählt hat! Wenn ihr das tut, werdet ihr niemals stolpern oder von Gott abfallen«, und in Johannes 15,16 heißt es: »Nicht ihr habt mich erwählt, ich habe euch erwählt. Ich habe euch dazu berufen, hinzugehen und Frucht zu tragen, die Bestand hat, damit der Vater euch gibt, was immer ihr ihn in meinem Namen bittet.«

Wir sind hier auf dieser Erde mit einer hohen Berufung!

Als ein Gefangener für den Herrn fordere ich euch deshalb auf, ein Leben zu führen, das eurer Berufung würdig ist, denn ihr seid ja von Gott berufen worden. Seid freundlich und demütig, geduldig im Umgang miteinander.

EPHESER 4,1-2A

Indem ich die Vergangenheit vergesse und auf das schaue, was vor mir liegt, versuche ich, das Rennen bis zum Ende durchzuhalten und den Preis zu gewinnen, für den Gott uns durch Christus Jesus bestimmt hat.

PHILIPPER 3,13B-14

So sind wir Botschafter Christi, und Gott gebraucht uns, um durch uns
zu sprechen. Wir bitten inständig, so, als würde Christus es persönlich
tun: »Lasst euch mit Gott versöhnen!«.

2. KORINTHER 5,20

Darum geht zu allen Völkern und macht sie zu Jüngern. Tauft sie im
Namen des Vaters und des Sohnes und des Heiligen Geistes und lehrt sie,
alle Gebote zu halten, die ich euch gegeben habe. Und ich versichere euch:
Ich bin immer bei euch bis ans Ende der Zeit.

MATTHÄUS 28,19-20

Wir sind Berufene des Königs aller Könige. Es gibt drei Gruppen
von Menschen:
1. Menschen, die Dinge geschehen machen,
2. Menschen, die beobachten, was geschieht,
3. Menschen, die sich wundern, was geschieht.

Zu welcher Gruppe gehörst du?

Gott gibt dir eine Wahl, er hat Leben und Tod vor uns gelegt.
Du und ich – wir müssen uns entscheiden, was wir wollen! Gott
hätte alles Schlechte aus der Welt herausnehmen können, doch
das tat er nicht. Stattdessen gab er uns die Freiheit, das
Leben zu wählen. Wir sind frei, Entscheidungen zu treffen! Höre auf, dich vom Leben treiben zu lassen. Jesus hat dich erwählt und du kannst
dich dazu entscheiden, das zu glauben, was das Wort Gottes über
dich sagt. Wo immer du gerade in deinem Leben stehst: Du lebst
die Konsequenzen deiner Entscheidungen!

Ich glaube, wir dienen einem
hervorragenden Gott, und er
hat uns nicht dazu berufen,
mittelmäßig zu sein.

Wenn du möchtest, dass dein Leben für Gott zählt und sich
etwas verändert, dann musst du deine Entscheidungen verändern.
Du kannst deine Probleme nicht wegbeten, du musst dein Verhalten verändern! Als wir noch Kinder waren, wurden für uns Ent-

scheidungen getroffen, die manchmal unglückliche Situationen verursacht haben. Aber ganz gleich, wie arm, wie verletzt und wie missbraucht dein Leben begonnen hat, wichtig ist, wie es aufhört!

Die meisten Menschen leben mittelmäßig, sie beobachten lieber, was geschieht, anstatt selbst zu handeln, und die Gefahr besteht, dass man dann denkt, man sei schon in Ordnung, weil die anderen ja auch nicht anders sind oder anders handeln. Doch ich glaube, wir dienen einem hervorragenden Gott, und er hat uns nicht dazu berufen, mittelmäßig zu sein. Wir sollen ihn auf dieser Welt durch ein hervorragendes Leben repräsentieren, und das wird jeden einzelnen Bereich beeinflussen.

Wichtig ist aber: Wir werden nicht aus eigener Anstrengung hervorragend, sondern nur, weil wir es in Christus sind. Wir kommen in unsere Bestimmung, wenn wir uns Jesus, dem Herrn, ganz hingeben. Wenn wir uns von ihm reinigen lassen. Und uns dann dazu entscheiden, uns ihm völlig zur Verfügung zu stellen.

Kapitel 2

Gott beruft nicht die Begabten, sondern begabt die Berufenen

Jedes Mal sagte er: »Meine Gnade ist alles, was du brauchst. Meine Kraft zeigt sich in deiner Schwäche.« Und nun bin ich zufrieden mit meiner Schwäche, damit die Kraft von Christus durch mich wirken kann.

2. KORINTHER 12,9

Großartige Männer und Frauen werden nicht geboren, sie werden durch das Leben geformt. Wenn wir die »Helden« der Bibel betrachten, dann wird uns schnell klar, dass die meisten einen ganz normalen Hintergrund hatten, aus normalen, einfachen Familien kamen und in einfachen Berufen arbeiteten. Und vor allem: Sie hatten es nicht immer leicht im Leben, sahen sich vielen Widerständen gegenüber und waren nicht immer diejenigen, die für eine Aufgabe am geeignetsten schienen.

Hier einige Beispiele:

Ester, ein Waisenmädchen

Ester war eine Jüdin und die Adoptivtochter ihres Cousins Mordechai:

Mordechai hatte eine Cousine mit Namen Hadassa, auch Ester genannt. Er war ihr Vormund, denn sie hatte weder Vater noch Mutter. Die junge Frau hatte eine schöne Figur und ein hübsches Gesicht. Nach dem Tod ihrer Eltern nahm Mordechai sie in sein Haus und zog sie wie seine eigene Tochter auf.

ESTER 2,7

Sie lebte mit ihrem Cousin im Exil in Susa, einer Stadt im babylonischen Elam, wo sich die persischen Könige für einige Zeit des Jahres aufzuhalten pflegten. Es war zur Blütezeit des persischen Großreiches. Herrscher im Land war Ahasveros, oder auch Xerxes, der von ca. 486 bis 465 v.Chr. regierte.

Nachdem der König seine Gemahlin Wasti verstoßen hatte, gewann Ester seine Gunst und wurde die neue Königin. Als ihr Pflegevater Mordechai die vorgeschriebene Verehrung des Großwesirs Haman verweigerte, wurde dieser darüber so zornig, dass er alle Juden im Persischen Reich töten lassen wollte. Mordechai bat deshalb seine Adoptivtochter Ester um Hilfe. Nach kurzem Zögern setzte sie mit großem Mut ihr Leben ein und wagte es, vor den König zu treten, was ohne Erlaubnis bei Todesstrafe verboten war.

Mit Klugheit und Umsicht gelang es ihr, Hamans Pläne zu vereiteln und ihrem Adoptivvater Mordechai zu einer Stellung am Hof zu verhelfen. Durch ihr mutiges Handeln (»Wenn ich umkomme – dann komme ich um«; Ester 4,16b) wurde das gesamte jüdische Volk im Persischen Reich vor dem gewaltsamen Tod verschont.

Ester und Mordechai haben Vorbildcharakter. Auch unter Verfolgung blieben sie treu und setzten sich für das Wohl und den Schutz anderer ein. Und obwohl Ester als Königin sicher eine gute Stellung hatte, war sie doch ein einfaches Mädchen, deren Einfluss durch Gesetze (sie durfte sich dem König nicht unerlaubt nähern) doch sehr begrenzt war. Aus einem Waisenkind, einer Jüdin im Exil, wurde eine Retterin des jüdischen Volkes – Gott begabt die Berufenen!

David, ein Hirtenjunge, der Jüngste in seiner Familie

David war ein Hirte. Tag und Nacht verbrachte er draußen im Freien mit den Tieren. Er kämpfte mit Löwen und Bären (1. Samuel 17,36a), um das Leben der ihm anvertrauten Herde zu schützen. Seine freie Zeit verbrachte er damit, Steine mit seiner Schleuder mit absoluter Sicherheit ins Ziel zu bringen. Außerdem spielte er die Harfe und lobte Gott. Er nutzte die Zeit und übte sich in seinen Talenten, auch wenn ihn draußen auf dem Feld niemand sah. Als Jüngster war er nicht geachtet unter seinen Brüdern, und als der Prophet Samuel kam, um einen neuen König zu salben, wurde David auf dem Feld vergessen. Erst als dessen Vater gefragt wurde, ob das alle seine Söhne seien, wurde auch David herbeigeholt: »Er war sonnengebräunt, gut aussehend und hatte schöne Augen. Und der Herr sprach: ›Ja, das ist er; salbe ihn‹« (1. Samuel 16,12).

Doch noch war David nicht offiziell König – Saul war der Regent. Der wurde jedoch immer wieder von einem bösen Geist befallen:

Da befahl Saul seinen Dienern: »Sucht jemanden, der gut spielen kann, und bringt ihn her.« Einer der Diener erwiderte: »Ein Sohn Isais aus Bethlehem ist ein begabter Harfenspieler. Er ist auch mutig und tapfer im Kampf und wortgewandt. Außerdem ist er ein sehr gut aussehender Mann und der Herr ist mit ihm.«

1. SAMUEL 16,17-18

David wurde auf diese Weise in den Dienst König Sauls aufgenommen. Er diente ihm und Saul gewann ihn sehr lieb. Schließlich wurde er sogar sein Waffenträger. Wann immer der böse Geist über Saul kam, nahm David die Harfe, spielte darauf und Saul fand Erleichterung. Sofort ging es ihm besser und der böse Geist wich von ihm.

Durch sein tägliches Training in der Wüste war David ein geschickter Schütze geworden. Als er hörte, wie der Riese Goliat das Volk Gottes verhöhnte, verspottete und verängstigte, ging er auf das Schlachtfeld und sagte zu Saul: »Mach dir keine Sorgen mehr. Ich werde mit diesem Philister kämpfen!« (1. Samuel 17,32).

Was dann folgt, ist eine sehr bekannte Geschichte: David nahm fünf Steine und schleuderte einen direkt in Goliats Gesicht, an seine Stirn. Der fiel auf der Stelle tot um. Ohne jegliche Rüstung, ein Schwert oder Ähnliches hatte er den gefürchteten Gegner überwunden.

David war offensichtlich nicht die erste Wahl, wenn man an einen König dachte. Aber Gott wollte genau ihn mit seinen Fähigkeiten. Keiner hätte gedacht, dass der Junge mit seiner Steinschleuder ein geeigneter Kämpfer wäre und es gar gegen den Furcht einflößenden Gegner Goliat aufnehmen könnte. Doch Gott hat einen Plan. Er weiß, was er tut. Denke nicht zu gering von dem, was du kannst. Vielleicht erscheint es dir wie eine Kleinigkeit, etwas, das du nur kannst, weil du es unter widrigen Umständen lernen musstest (so wie David, der allein auf dem Feld lernen musste, mit der Schleuder umzugehen). Doch Gott kann es gebrauchen – zu seiner Ehre. Er begabt die Berufenen!

Mose, aufgewachsen bei einer Pflegefamilie, ein Mörder

»Damit kein Mensch sich je vor Gott rühmen kann« (1. Korinther 1,29) – dieser Vers ist nicht nur im neuen Testament eine Wahrheit, er war auch schon zu Moses Zeiten wahr. Mose konnte das Volk Gottes nicht aus eigener Kraft befreien. Er musste lernen, dass das Werk Gottes nicht durch menschliches Vermögen, sondern nur durch absolutes Vertrauen auf und absolute Abhängigkeit von Gott getan werden kann. Dies gilt auch heute für jeden Christen. Jedes Werk aus eigener Kraft, das der Mensch versucht ist, zu Gott zu bringen, muss »ausgeschaltet« werden.

Tatsächlich sagt Gott zu uns genau wie zu Mose: »Es gibt nur einen Boden, auf dem du mich erreichen kannst, und das ist heiliger Boden. Du kannst kein Vertrauen in dein Fleisch setzen, weil kein Fleisch in meiner Gegenwart bestehen kann.«

Als Gott zu Mose sprach, legte er ein besonderes Augenmerk auf seine Schuhe (»Komm nicht näher!«, befahl Gott ihm. »Zieh deine Sandalen aus, denn du stehst auf heiligem Boden«; 2. Mose 3,5). Unsere Füße gehören zu den empfindlichsten Teilen unseres

Körpers. Letztlich sind die Schuhe ein Schutz für unser Fleisch. Sie schützen uns vor Steinen, Schlangen, vor Schmutz und Staub, vor dem heißen Gehweg ...

Verstehst du, was Gott Mose hier letztlich sagen will? Er gebrauchte einen gewöhnlichen Alltagsgegenstand, um ihm eine geistliche Lektion zu erteilen, genau wie Jesus später Münzen, Perlen, Kamele und Senfsamen gebrauchte, um geistliche Wahrheiten deutlich zu machen. In anderen Worten sagte er: »Mose, du trägst eine Rüstung, um dich vor Verletzungen zu schützen, aber nichts wird in der Lage sein, dich zu schützen, wenn ich dich nach Ägypten – in diese Lasterhöhle – schicke, um dem kaltherzigen Diktator gegenüberzutreten. Du wirst in Situationen kommen, in denen nur ich dich befreien kann.

Wenn du nicht alles Zutrauen in deine eigenen Fähigkeiten aufgibst – deine Demut, deinen Eifer und deine Ergebenheit –, wirst du nicht in der Lage sein, das zu tun, was ich dir auftrage. Alle deine Fähigkeiten werden wertlos sein, wenn ich sie nicht heilige.«

In der Tat bestritt Mose alle Arten von Prüfungen und Proben, als er drei Millionen Menschen durch die Wüste führte. Ohne Lebensmittel, Geschäfte, Einkaufszentren – nicht mal einen Brunnen gab es – musste er sich in Bezug auf alles gänzlich auf Gott verlassen.

Übrigens hatte Mose schon versucht, aus eigener Kraft als Retter zu fungieren. Vierzig Jahre zuvor hatte er einen *Bist du bereit, all dein Vertrauen auf mich zu setzen?* grausamen ägyptischen Sklaventreiber getötet. Doch nun, am brennenden Dornbusch, sagte Gott: »Mose, deine Hingabe muss geheiligt sein oder sie wird dich zerstören. Bist du bereit, all dein Vertrauen auf mich zu setzen?«

Das Gleiche fragt uns der Herr heute. Viele von uns denken zu gering von sich, aber gleichzeitig versuchen sie doch, ihr Vertrauen in die Fähigkeiten zu setzen, die sie haben – wenn sie auch denken, dass es nur wenige sind. Doch wir müssen niemals unsere Kraft und Gaben zusammensammeln, um unserer Bestimmung nachzukommen. Nein, es ist immer umgekehrt. Gott beruft – und dann dürfen wir ihm alles hingeben, was wir haben.

Noah, ein einfacher Mann ohne Fachwissen für die Aufgabe, die er erfüllen sollte

Noah war wahrhaftig ein Mann des Glaubens. Er wandelte mit Gott in einer bösen Welt. Gott konnte ihm voll und ganz vertrauen.

Noah aber fand Gnade vor dem Herrn. ... Noah war ein Gerechter, der einzige fehlerlose Mensch, der damals auf der Erde lebte. Er lebte in enger Gemeinschaft mit Gott. Noah hatte drei Söhne: Sem, Ham und Jafet. Die Menschen waren böse und gewalttätig. Gott sah auf die Erde, und sie war voller Verbrechen, denn die Menschen handelten böse.

1. MOSE 6,8-12

Gott beauftragte Noah, der nichts hatte, außer seinem Vertrauen auf Gott, die Arche zu bauen. Hundert Jahre werkelte er, verspottet und ausgelacht von vielen, an einem Schiff auf einem Berg, auf dem es nie regnete und wo weit und breit kein Wasser war. Doch er gehorchte Gott, als er vor eine wahrhaft schwere Aufgabe gestellt wurde – er hatte sicherlich keine Ahnung, wie man ein Schiff konstruieren musste. Immer wieder heißt es: »Noah führte alles genauso aus, wie Gott es ihm befohlen hatte« (1. Mose 6,22; 1. Mose 7,5).

Durch seinen Glauben an Gott wurde er gerettet:

Durch den Glauben baute Noah eine Arche, um seine Familie vor der Flut zu retten. Er gehorchte Gott, der ihn vor etwas warnte, das noch nicht zu sehen war. Sein Glaube war das Urteil über den Unglauben der übrigen Welt; er aber wurde Erbe der Gerechtigkeit, die aus dem Glauben kommt.

HEBRÄER 11,7

Außerdem wurde er aufgrund seines Glaubens von Gott mit einem ewigen Bund geehrt:

Und Gott sprach: »Ich gebe euch ein Zeichen als Garantie für den ewigen Bund, den ich mit euch und allen Lebewesen schließe: Ich setze meinen Bogen in die Wolken. Er ist das Zeichen meines unumstößlichen Bundes mit der Erde. Jedes Mal, wenn ich Regenwolken über die Erde schicke, wird der Regenbogen in den Wolken zu sehen sein. Dann werde ich an meinen Bund mit euch und mit allem, was lebt, denken. Niemals mehr wird eine Flut alles Leben auf der Erde vernichten. Wenn der Regenbogen in den Wolken steht, werde ich ihn ansehen, um mich an den ewigen Bund zu erinnern, den ich mit allen Lebewesen auf der Erde geschlossen habe.«

1. MOSE 9,12-16

Auch Noah ist ein Vorbild für uns. Nicht die Meinung anderer Menschen über ihn war ihm wichtig, sondern allein das, was Gott ihm sagte. Und obwohl er keine Ahnung vom Schiffsbau hatte vertraute er Gott, dass das Vorhaben gelingen würde, wenn er auf sein Wort hörte und alles so ausführte, wie Gott es ihm auftrug.

Maria, die Mutter Jesu, ein einfaches Mädchen

Maria war ein gehorsames, Gott ergebenes, tief gläubiges, demütiges junges Mädchen. Sie war bereit, Jesus in sich aufzunehmen, ihn wachsen zu lassen, bis die Welt ihn sehen konnte: »Maria antwortete: ›Ich bin die Dienerin des Herrn und beuge mich seinem Willen. Möge alles, was du gesagt hast, wahr werden und mir geschehen‹« (Lukas 1,38).

Man muss sich bewusst machen, dass sie in Gefahr war, gesteinigt zu werden, als sie schwanger wurde, obwohl sie noch nicht verheiratet war. Genauso hätte es sein können, dass man sie für verrückt erklärte wegen der Geschichte, die sie zu erzählen hatte.

Und es bestand die Möglichkeit, dass sie den Mann verlor, mit dem sie verlobt war. Doch obwohl sie vieles nicht verstand und sicher auch ein wenig Angst hatte, lobte sie Gott:

Maria erwiderte: »Gelobt sei der Herr! Wie freue ich mich an Gott, meinem Retter! Er hat seiner unbedeutenden Magd Beachtung geschenkt, darum werden mich die Menschen in alle Ewigkeit glücklich preisen. Denn er, der Mächtige, ist heilig, und er hat Großes für mich getan. Seine Barmherzigkeit gilt von Generation zu Generation allen, die ihn ehren. Sein mächtiger Arm vollbringt Wunder! Wie er die Stolzen und Hochmütigen zerstreut! Er hat Fürsten vom Thron gestürzt und niedrig Stehende erhöht. Die Hungrigen hat er mit Gutem gesättigt und die Reichen mit leeren Händen fortgeschickt. Und nun hat er seinem Diener Israel geholfen! Er hat seine Verheißung nicht vergessen, barmherzig zu sein, wie er es unseren Vorfahren – Abraham und seinen Kindern – immer verheißen hat.«

LUKAS 1,46-55

Sie achtete sorgfältig auf alles, was sie mit Jesus erlebte, und behielt es in Erinnerung: »Daraufhin kehrte er mit ihnen nach Nazareth zurück und war ihnen ein gehorsamer Sohn. Seine Mutter bewahrte all diese Dinge in ihrem Herzen« (Lukas 2,51).

Sie stellte niemals sich selbst in den Mittelpunkt, sondern wies alle Menschen auf Jesus hin:

Während des Festes ging der Wein aus, und die Mutter von Jesus machte ihn darauf aufmerksam. »Sie haben keinen Wein mehr«, sagte sie zu ihm. »Was hat das mit mir und dir zu tun?«, fragte Jesus. »Meine Zeit ist noch nicht gekommen.« Doch seine Mutter wies die Diener an: »Tut, was immer er euch befiehlt.«

JOHANNES 2,3-5

Maria blieb Jesus treu bis zu seinem Tod am Kreuz: »In der Nähe des Kreuzes standen die Mutter von Jesus und ihre Schwester sowie Maria, die Frau von Klopas, und Maria Magdalena« (Johannes 19,25).

Maria hatte in den Augen der Welt sicherlich nicht viel vorzuweisen. Sie war ein einfaches junges Mädchen. Das Einzige, was sie auszeichnete, war ihr Glaube an Gott. Auch wir brauchen nicht viel – es reicht, wenn wir Gott vertrauen und ihm unser Leben ganz hingeben! Dann kann Gott mächtige Dinge damit anstellen.

Wie wird man ein großer Mann oder eine große Frau Gottes?

Noch einmal, denn das finde ich sehr wichtig: Große Männer und Frauen werden gemacht, nicht geboren. Die Beispiele in diesem Kapitel haben gezeigt: Die Helden der Bibel kamen aus unterschiedlichen Hintergründen, oftmals aber waren diese arm, bescheiden und einfach. Große Männer und Frauen sind also ganz gewöhnliche Menschen, kommen aus gewöhnlichen gesellschaftlichen Verhältnissen, haben eine gewöhnliche Arbeit unter gewöhnlichen Mitmenschen in gewöhnlichen Gemeinden. Jesus selbst wurde in einem Stall geboren, er war Flüchtling in Ägypten, lernte den Beruf seines Vaters, der Zimmermann war.

Wenn du ein großer Mann oder eine große Frau werden möchtest, sei bereit, jede Art von Arbeit zu tun, wie bescheiden sie auch sein möge, solange du ethisch-moralisch keine Kompromisse eingehen musst.

Große Männer und Frauen sind außerdem ihre eigenen »Wachhunde«! Sie üben sich in Selbstkontrolle und Selbstdisziplin in allen Bereichen ihres Lebens. Deshalb benötigen sie keine Einmischung, keine Kontrolle von außen – wobei sie gleichzeitig den weisen Rat anderer suchen, wie wir gleich noch sehen werden.

Eines der besten Beispiele aus der Bibel für einen Menschen mit einem hohen persönlichen moralischen Maßstab ist Josef. Er war ein junger Träumer, der von seinen Brüdern gehasst wurde. Aber in schwierigen Situationen war er ein Mann voller Glauben und widerstand moralischen Versuchungen. Sein Herz blieb unberührt von plötzlichen Erfolgen in seinem Leben. Er zeigte brüderliche Liebe. Er war denen gegenüber freundlich, die ihn stark verletzt hatten.

Josef war anders als seine Brüder. In 1. Mose 37,2 lesen wir, dass Josef erst 17 Jahre alt war – und gerade in diesem Alter ist es schwierig, dem Gruppendruck zu widerstehen. Doch große Männer und Frauen müssen Leiterschaft in der Gesellschaft aufrechterhalten – sie müssen Konflikte direkt angehen. Eine Leitungsperson, die Gruppendruck nichts entgegensetzen kann, ist zum Scheitern verurteilt.

Wichtig auf dem Weg in die Berufung Gottes ist es außerdem, sich leiten zu lassen – einen Mentor oder geistlichen Begleiter zu haben. Wenn wir uns das Leben Josefs anschauen, sehen wir, dass er viel Zeit mit seinem Vater verbrachte. Auch Mose hatte einen väterlichen Freund, seinen Schwiegervater Jitro, der ihm gute Ratschläge erteilte.

Mentoring verringert die Reifezeit in allen Lebensbereichen.

»Bemuttert« oder »bevatert« zu werden, verringert die Zeit, die wir benötigen, um einen festen Charakter zu entwickeln. Mentoring verringert die Reifezeit in allen Lebensbereichen. Suche dir deshalb Menschen, deren Leitung du dich unterstellen kannst, und lasse dich leiten. Ein Vater stiftet einen Sinn für Sicherheit, sowohl spirituell als auch physisch. Er fördert Stabilität und Charakter.

Ich hatte während meines ganzen Lebens und habe bis heute Mentoren: meine Eltern, Lehrer, Pastoren – Menschen, die schon das erreicht hatten, was ich erreichen wollte. Wir lernen auch aus deren Fehlern.

Was gehört sonst zu den »Zutaten« für einen großen Menschen? Du hast viele Gaben und Talente. Benütze sie, entwickle sie und übe sie aus, dann werden viele gesegnet werden, dich eingeschlossen. Spezialisiere dich nicht nur auf einem Gebiet! Und sei nicht neidisch auf andere und deren Talente und Gaben. Segne sie und bitte sie, dir die Hand aufzulegen und die gleichen Gaben in dir freizusetzen. Arbeite fleißig und sorgfältig. Denn wahrer Erfolg besteht zu einem Prozent aus Inspiration und zu 99 Prozent aus Schweiß!

Wichtig ist außerdem: Träume den Traum, den Gott für dich hat. Auch hier können wir alle von Josef lernen. Gott schenkt große Träume in höchster Qualität. Er erschuf uns für einen herrlichen Zweck und mit einem wundervollen Plan in seinem Geist. Josef hielt sein

Träume den Traum, den Gott für dich hat.

Herz rein, damit er göttliche Träume empfangen konnte. Entwickle deshalb gottgemäße Maßstäbe und bleib eng mit deinem Herrn verbunden, sodass dein Herz göttliche Träume empfangen kann. Unser irdisches Leben ist sehr kurz. Träume, solange du jung bist, und trenne dich niemals von deinen Träumen. Ich bat den Herrn in meinen jungen Jahren, mich nicht sterben zu lassen, bevor ich nicht den Traum lebte, den er für mich träumt. Es hat sich gelohnt zu warten!

Rechne mit der Gnade Gottes. Gott war mit Josef, aber Josef wurde als Sklave verkauft. Sein Herr sah, dass Gott mit Josef war, und erwies ihm deshalb Gnade (1. Mose 39,3-4). Auch der Gefängniswärter übergab Josef viel Verantwortung, weil Gott mit Josef war und ihm in allem, was er tat, Erfolg schenkte (1. Mose 39,21). Josef hatte Gottes Test bestanden. Er lebte sein Leben als Diener in Bescheidenheit und Heiligkeit.

Schließlich: Baue eine tiefe und liebevolle Beziehung zu dem Herrn Jesus Christus auf. Lies das Wort Gottes und ernähre dich von ihm – so wirst du zu einem großen Mann oder einer großen Frau Gottes.

Lichtgedanken

Zum Abschluss dieses Kapitels noch ein paar Gedanken, die weiter erhellen, was uns zu großen Männern und Frauen machen kann – zu Menschen, die Gott begabt und beruft:

- Wir brauchen nicht großen Glauben, sondern Glauben an einen großen Gott.
- Nur ein paar Gramm Gehorsam sind mehr wert als Tonnen von Gebeten.
- Die Wege der Menschen führen zu einem hoffnungslosen Ende. Die Wege Gottes führen zu einer endlosen Hoffnung.
- Wer vor Gott kniet, kann vor jedermann stehen.
- Wenn du betest, gib Gott keine Anweisungen, sondern melde dich bereit zum Dienst.
- Wir werden nie die Botschaft Gottes verändern, die Botschaft Gottes verändert uns.
- Trainiere täglich, geh mit Gott.
- Nichts kann die Wahrheit so zerstören, wie wenn wir sie strecken.
- Sorgenmachen ist die Dunkelkammer, in der Negative entstehen.
- Gib Gott, was richtig ist, und nicht, was übrig bleibt.
- Gott sucht Menschen, die ihn mehr lieben als alles andere und die Sünde mehr hassen als alles andere. Mit solchen Menschen kann Gott die Welt verändern.
- Wir müssen die Veränderung sein, die wir in der Welt sehen wollen (Mahatma Ghandi).

Kapitel 3

Die Wichtigkeit des Zerbruchs

Doch jetzt sind wir vom Gesetz befreit, denn wir sind mit Christus ge-
storben und der Macht des Gesetzes nicht länger unterstellt. Deshalb kön-
nen wir Gott von nun an in einer neuen Weise dienen – nicht wie früher
durch Einhaltung jedes einzelnen Buchstabens des Gesetzes, sondern
durch den Heiligen Geist.

RÖMER 7,6

Das Wort Gottes ist lebendig und wirksam. Es ist schärfer als das
schärfste Schwert und durchdringt unsere innersten Gedanken und Wün-
sche. Es deckt auf, wer wir wirklich sind, und macht unser Herz vor Gott
offenbar. Nichts in der ganzen Schöpfung ist vor ihm verborgen. Alles ist
nackt und bloß vor den Augen Gottes, dem wir für alles Rechenschaft
ablegen müssen.

HEBRÄER 4,12-13

Wenn wir in unsere Bestimmung kommen wollen, werden wir uns
selbst sterben müssen. Früher oder später wird jeder Diener Gottes entdecken, dass er selbst das größte Hindernis in seinem Leben sein kann. Irgendwann wird er merken, dass der äußere und
der innere Mensch nicht übereinstimmen.

Wir sind Geist, haben eine Seele und leben in einem Körper.
Wenn wir Jesus in unser Leben einladen, dann wird unser Geist
mit dem Heiligen Geist erfüllt und lebendig. Aber das heißt noch
lange nicht, dass unsere Seele, die sich aus Verstand, Willen und
Gefühlen zusammensetzt, schon von ihm ergriffen ist. Wenn in
einem Haus innen ein Licht entzündet wird, aber alle Fenster ver-
rußt sind, kann das Licht nicht nach außen dringen.

In Epheser 3,16 schreibt Paulus: »Ich bete, dass er (Gott) euch
aus seinem großen Reichtum die Kraft gibt, durch seinen Geist

innerlich stark zu werden«, und in 2. Korinther 4,16: »Deshalb geben wir nie auf. Unser Körper mag sterben, doch unser Geist wird jeden Tag erneuert.«

Erziehung durch den Heiligen Geist

Damit ein Mensch wirklich ein Diener Gottes sein kann, muss der äußere Mensch zerbrochen werden. In Johannes 12,24-25 lesen wir:

> *Ein Weizenkorn muss in die Erde ausgesät werden. Wenn es dort nicht stirbt, wird es allein bleiben – ein einzelnes Samenkorn. Sein Tod aber wird viele neue Samenkörner hervorbringen – eine reiche Ernte neuen Lebens. Wer sein Leben in dieser Welt liebt, wird es verlieren. Wer sein Leben in dieser Welt gering achtet, wird es zum ewigen Leben bewahren.*

Wie aber wird der äußere Mensch zerbrochen? Zuerst müssen wir unser gesamtes Leben dem Herrn hingeben – davon habe ich schon in Kapitel 1 geschrieben. Diese Hingabe ist aber nicht die Lösung all unserer Probleme. Hundertprozentige Hingabe ist zunächst nur unsere willentliche Entscheidung, unser Leben bedingungslos, ohne Wenn und Aber, unwiderruflich in die Hände Gottes zu legen. Sie signalisiert unsere Bereitschaft, dem Herrn zu erlauben, uns auf die geistliche Reise mitzunehmen.

Ob und wann Gott einen Menschen für seine Werke einsetzen kann, hängt allerdings nicht alleine von seiner Hingabe ab. Nach der Entscheidung für Jesus kommt erst die Erziehung durch den Heiligen Geist. Wie wir uns dann in diesen Erziehungsprozessen verhalten, wird größtenteils bestimmen, wann und wie Gott uns in seinen Diensten fruchtbar (nicht furchtbar!) einsetzen kann.

Durch unsere Hingabe schenken wir Gott unser Leben gemäß unserer Erkenntnis und des Lichts, das wir wahrnehmen, aber das ist sehr begrenzt. Bei der Erziehung durch den Heiligen Geist geht es dann um viel mehr. Da beginnen wir, uns im Lichte Gottes zu sehen. Ich habe noch keinen Menschen getroffen, der glücklich über diese Offenbarung seiner Person war oder dankbar für das, was er dabei erkannt hat. Da hört jede Rechtfertigung, Beschuldigung, Entschuldigung, Ausrede auf. Da liegt man flach vor Gott auf dem Boden.

Als ich selbst diese Gnadenstunde erlebte, wollte ich sterben und hatte keinerlei Hoffnung, dass Gott jemals mit so einem Menschen wie mir, der ein solches Herz hat, arbeiten kann. Jahrelang hatte ich mich bemüht, ein guter, braver Mensch zu werden, doch in der Stunde der Erkenntnis, als meine innersten Motive ins Licht Gottes kamen, sah ich, dass mein Herz voller Selbstgerechtigkeit, Stolz, Angst vor Ablehnung, Überheblichkeit etc. war. Wäre nicht die schützende Gegenwart des Heiligen Geistes mit mir gewesen, hätte ich eine Kugel als einzigen Ausweg gesehen. Nach und nach durfte ich dann meine wahre Identität in Christus entdecken und habe gelernt, aus ihr zu leben.

Gottes Anforderungen an unser Leben sind immer größer als das, was wir zu bieten haben. Und wenn der Heilige Geist uns erzieht, werden uns die Augen des Herzens geöffnet und wir erkennen uns im Lichte des heiligen Gottes. Die Erziehungsarbeit durch den Heiligen Geist übersteigt bei Weitem das Ausmaß unserer Hingabe. Und sie kommt ohne Vorwarnung in unsere unmittelbare Umgebung und überrascht uns dort voll und ganz.

Gottes Anforderungen an unser Leben sind immer größer als das, was wir zu bieten haben.

Bei der Erziehung durch den Heiligen Geist geht es letztlich um zwei verschiedene Dinge: Sie will uns erstens aufbauen und zweitens niederreißen. Dabei geht Gott nicht auf unsere subjektiven Bedürfnisse ein, sondern handelt an uns nach den Bedürfnissen, die er in uns erkennt. Wenn wir bedenken, dass Gott sich um solch unwichtige Details in unserem Leben kümmert, wie die Haare auf unserem Kopf zu zählen (Matthäus 10,30), dann können wir auch darauf vertrauen, dass er immer weiß, was das Beste für einen jeden von uns ist, selbst wenn wir es nicht verstehen, nicht mögen und ihn nicht darum gebeten haben. Wir dürfen uns ihm in diesem Zerbruchs- und Sterbeprozess voll und ganz anvertrauen.

Tod und Fruchtbarkeit

Denken wir nun etwas genauer über das Weizenkorn nach, das in die Erde muss, um zu sterben: Da gibt es den Keimling und den Mehlkörper. Das Leben steckt im Keimling und wird erst freigesetzt, wenn der äußere Mantel zerbricht. Interessanterweise kann das Leben jahrhundertelang im Weizenkorn eingekapselt bleiben. Wenn es trocken gelagert wird, kann man es auch Tausende Jahre später noch aussäen und es wird Ähren hervorbringen.

Versuchen wir nun, uns einmal in ein solches Weizenkorn hineinzuversetzen (soweit das möglich ist): Wenn es in die Erde gesteckt wird, ist es erst einmal nur dunkel um es herum, es hat keine Ahnung, wo oben oder unten, hinten oder vorne ist, es ist also orientierungslos. Die Umstände (Erde und Feuchtigkeit) beeinflussen es dann, der Keimling fängt an zu wachsen und bald hat das Weizenkorn den Eindruck: »mich zerreißt es in diesen Umständen!«

Hattest du schon einmal so einen Eindruck? Ist es dir auch schon einmal so gegangen?

Doch nicht die Umstände sind das Problem, sondern das Leben im Keimling arbeitet; er wächst und die Hülle wird zu klein. Es gibt Spannung und Stress, bis der Mehlkörper aufgebraucht ist und der Keimling an die äußerste Schicht stößt. Dann geschieht das einzig Richtige: Die Schale, die alles zusammengehalten hat, muss nachgeben, bricht auf und der Keimling kommt hervor, in anderen Worten: Das Leben hat den Weg nach draußen gefunden.

Ich kenne solche Situationen, wo man nicht mehr weiß, wo hinten oder vorne, oben oder unten ist, und man davonlaufen oder mit seinem Leben Schluss machen möchte. Genau das sind Zerbruchssituationen in unserem Leben.

Mit 19 Jahren hatten meine Freundin und ich den Wunsch, einige Zeit in den USA zu verbringen. Wir hatten kein Geld und versuchten daher, unseren Traum mit einem Fulbright-Stipendium umzusetzen. Leider reichten wir aus Unwissenheit die Bewerbungspapiere drei Wochen zu spät ein und bekamen eine Absage. Wir waren zutiefst enttäuscht. Doch während ich noch traurig war (als junger Mensch nimmt man solche Erlebnisse ja sehr persönlich und ernst), hörte ich in meinem Herzen die leise Stimme: »Sei nicht traurig, du wirst in den USA leben, und zwar für lange Zeit.« Zuerst aber musste mein Traum sterben.

Wie kam es dann, dass ich tatsächlich in die USA reiste und sich dieses Wort des Herrn an mir erfüllte? Als Kind hatte ich Zitherspielen gelernt (es war eigentlich ein unerfüllter Kinderwunsch meiner Mutter). Es war mit meinen sieben Jahren nicht leicht gewesen, zu üben, denn ich hatte immer Blasen an den Fingern, die sehr wehtaten. Aber meine Mutter war sehr streng gewesen und hatte mir mit ihrer Hartnäckigkeit geholfen, durchzuhalten.

Viele Jahre später, ich war mittlerweile erwachsen, wollte ich gerne weiterlernen und nahm daher wieder Musikstunden. In meinem Zimmer übte ich stundenlang. Eines Tages fragte mich der Musiklehrer, ob ich Lust hätte, mit einer Tiroler Musikgruppe in die USA zu fliegen. Mein erster Gedanke war: »Dazu bin ich doch wirklich nicht geübt genug!« Aber der Musiklehrer versicherte mir, dass er schon andere vor mir geschickt habe, die auch nicht besser gewesen seien, außerdem hätte ich noch ein volles Jahr, um mich musikalisch vorzubereiten.

Mein nächstes Argument lautete: »Mein Chef wird es mir nicht erlauben, drei Monate aus der Kanzlei wegzubleiben (ich arbeitete damals bei einem Steuerberater). Außerdem kann ich mir nicht vorstellen, dass meine Eltern damit einverstanden sein werden.«

Mein Musiklehrer meinte nur: »Du kannst ja beide fragen, mehr als Nein sagen können sie nicht.«

Zuerst ging ich zu meinem Chef, der mir sehr wohlgesinnt war, und erzählte ihm von dem Angebot. Er meinte darauf, ohne lange zu überlegen: »So eine Gelegenheit bekommen Sie nie wieder. Ich wollte Sie sowieso in meine Chef-Etage verlegen. Fliegen Sie die drei Monate in die USA, und wenn Sie zurückkommen, arbeiten Sie mit mir zusammen.«

Ich war total überrascht über dieses Angebot und die offene Tür. Als ich als Nächstes meinen Eltern davon berichtete, meinten sie mit denselben Worten wie mein Chef: »So ein Angebot bekommst du nie wieder. Du wirst sowieso den Rest deines Leben bei uns verbringen, schau dir vorher noch die Welt an.« (Meine Eltern wollten, dass ich bis in ihr hohes Alter bei ihnen bleibe, denn ein Altersheim kam für sie nicht infrage und ich war noch nicht verheiratet.)

Und so wurde ich in dieser Sache klar geführt. Stundenlang spielte ich Zither. Mein Musiklehrer war begeistert von meinen Fortschritten. Aber ich wurde immer verzagter, denn jeder Gedanke daran, dass ich alleine auf einer Bühne vor Menschen in den USA Zither spielen sollte, trieb mir den kalten Schweiß auf die Stirn. Schließlich bekam ich Albträume – wie ich falsch spiele und plötzlich nicht mehr weiterweiß. Ich wurde ein nervöses Wrack und schrieb schlussendlich dem Leiter der Tiroler Volksmusikgruppe, der schon in den USA war, einen Brief, er solle mich bitte von meinem Versprechen entlassen. Das war im Februar 1972.

Nie beantwortete er meinen Brief, aber im Mai 1972 kam ein Expressbrief, ich solle der amerikanischen Botschaft sofort meinen Pass schicken, denn mein Visum für die USA sei fertig. Meine Knie schlotterten. Wir sollten im Juli fliegen. Ich hatte nicht einmal einen gültigen Pass und musste mir in Windeseile einen besorgen. Anschließend sandte ich ihn nach Wien zur Botschaft der USA.

Einige Tage vor unserem Abflug kam mein Pass mit dem Visum zurück. Mir war wirklich mulmig zumute und ich war völlig verzagt. Denn plötzlich wurde mir bewusst, dass der Herr vielleicht sein Versprechen an mich wahrmachen würde, dass ich in den USA *lange* leben würde, und davor hatte ich Angst.

Am Tag meiner Abreise heulte ich schrecklich. Mir fiel der Abschied sehr schwer. Meine Eltern ermutigten mich, dass ich doch in drei Monaten wieder zurück sein würde. »Bei deinen bisherigen Reisen haben doch immer wir geweint, nicht du!« Doch ich konnte über den Grund meiner Tränen, über dieses Geheimnis Gottes in meinem Herzen, mit meiner Familie nicht sprechen. Und tatsächlich waren es drei volle Jahre, bis ich meine Eltern und Geschwister wiedersah, und ich verbrachte insgesamt 15 Jahre in den USA – eine Zeit, die ich wahrlich die Hochschule des Heiligen Geistes nennen kann und die ich nicht missen möchte. Gott bereitete mich vor – weit entfernt von aller Hilfe von meiner Familie und allen Freunden. Ich lernte, einzig und alleine ihm zu

Ich lernte, einzig und alleine ihm zu vertrauen, nur auf ihn zu schauen und alles von ihm zu erwarten.

vertrauen, nur auf ihn zu schauen und alles von ihm zu erwarten. Dabei habe ich so viel von der Güte, der Liebe, dem Schutz, der Versorgung, der Freundschaft Gottes kennengelernt. Rückblickend war es eine Zeit der intimen Gemeinschaft und Abhängigkeit von Gott, die ich vorher auf Erden nicht für möglich gehalten hatte. Doch bevor ich das erleben konnte, musste mein Traum mit den USA erst sterben. Ich musste lernen, ihm zu vertrauen; und schließlich wurde er doch noch Wirklichkeit – auf eine Weise, die ich mir nicht hätte vorstellen können.

Auch in anderen Zusammenhängen habe ich solche Zerbruchssituationen erlebt: Wir haben in Uganda einen wunderbaren Präsidenten mit einer tief gläubigen Familie. Als vor einigen Jahren wieder eine neue Präsidentschaftswahl anstand, wollte ein Kandidat schon vor der Wahl diese Position einnehmen, und wo immer er mit seinen Reden auftrat, gab es Plünderungen, brennende Autos, Tränengas, Straßenkämpfe, Tote und ganz viel Angst.

Die Deutsche Botschaft schrieb Briefe an die Ausländer im Land, dass alle Frauen und Kinder so schnell wie möglich ausreisen sollten, da wahrscheinlich ein großes politisches Chaos ausbrechen würde. In meiner Seele kamen Ängste aus der Kindheit hoch. Sie rührten von den Erinnerungen, die noch vom Zweiten Weltkrieg in Innsbruck in mir schlummerten. Uns Weißen war es nun verboten, in die Stadt zu fahren. Wir mussten zu Hause bleiben und unsere afrikanischen Mitarbeiter einkaufen schicken. Ich konnte nicht mehr schlafen und überlegte, wie viele Kinder ich wohl würde mitnehmen können, wenn ich das Land verlassen müsste. Allerdings bekam man in so einer Situation natürlich keine Pässe oder gar Visa ausgestellt.

Als meine Angst den Höhepunkt erreicht hatte und ich mir ständig Sorgen machte und vor mich hin grübelte, fragte der Herr mich in meinem Herzen: »Maria, wer hat dich nach Uganda gebracht?« Meine Antwort lautete: »Du, Herr!« Gleich kam die nächste Frage: »Und wer wird dich wieder herausholen?« »Du Herr!«, war meine erlösende Antwort, und gleich waren alle Ängste meines Herzens wie weggeblasen. Auch hier ging es wieder darum, Gott und nicht mir selbst oder anderen Menschen zu vertrauen.

Ich wurde damals nicht nur von den Ängsten vor diesem politischen Chaos befreit, sondern auch von allen Ängsten meiner Kriegskindheitserfahrungen. Am nächsten Tag bin ich ohne Angst in die Stadt gefahren. Ich war überrascht darüber, wie ruhig es auf den Straßen war und wie normal das Leben dort weiterging. Da ich nicht fernsehe und auch kaum Zeitungen lese, wusste ich nämlich nicht, dass der Unruhestifter bereits eingesperrt war!

Was Zerbruch bedeutet, wurde mir vor vielen Jahren auch deutlich, als ich folgendes Erlebnis hatte: Ich war als junger Mensch sehr einsam und mich bewegte immer wieder die Sinnfrage des Lebens. Wozu hat Gott mich erschaffen? Was sind seine Pläne mit mir und für mich? Wozu bin ich brauchbar? Was soll mit meinem Leben geschehen und wie sehen die nächsten Schritte aus? Das waren meine inneren Fragen.

Um über diese Themen nachzudenken, habe ich oft sehr lange Spaziergänge in tiefe Wälder unternommen. An einem Sonntagnachmittag setzte ich mich irgendwann müde auf einen umgehauenen Baumstamm. Ich wollte etwas verschnaufen, denn der Weg war steil. Als ich so nachdenklich auf diesem Stamm saß, näherte sich mir eine große, fette Raupe mit schönen Farben und langen Fäden.

Sofort dachte ich: »Herr, das Ding mag ich nicht!«

Seine Antwort lautete: »Warum nicht?«

»Na ja, dieses Tier ist total egoistisch, es will den ganzen Tag nur konsumieren, wird dick und fett. Es lebt ganz nach dem Motto: Ich, mich, meiner, mir, Herr, segne doch uns vier!«

Als Nächstes fragte mich Gott: »Was steckt denn in dieser Raupe?«

Meine Antwort war: »Wie ich gelernt habe: ein Schmetterling.«

Und dann machte ich mich auf den Heimweg, aber diese Raupe ließ mich nicht mehr los. Dauernd musste ich an das kleine Tier denken und meine Gedanken beschäftigten sich mit dem Prozess der Metamorphose, bei dem aus einer Raupe ein Schmetterling wird.

Zuerst frisst sie sich dick und fett, und alles muss sie befriedigen und glücklich machen. Eines Morgens, als sie sich so dick und fett gerade wieder ihrem Konsumverhalten widmen will, schmeckt ihr das erste Blatt plötzlich nicht mehr. Sie spuckt es aus und robbt zu einem anderen Blatt, aber dort macht sie wieder dieselbe Erfahrung. Da denkt sie sich: »Ich bin wohl am falschen Baum, versuche ich es doch mal an einem anderen.« Also klettert sie am nächsten Baum hoch, aber es ist dasselbe: Alles, was ihr bisher höchste Befriedigung verschafft hat, ist plötzlich uninteressant und ekelt sie sogar an. So spinnt sie einen Faden, hängt sich daran und fängt an, aus Leibeskräften zu spinnen. Währenddessen wird es für sie immer enger und dunkler, und bald hat sie keine Ahnung mehr, wo oben oder unten, hinten oder vorne ist. Irgendwann ist sie am Ende ihrer Kräfte angekommen. Da gibt sie es auf, sich weiterhin anzustrengen, und entspannt sich einfach. Zu ihrer Überraschung kommt ein tiefer Friede in ihr Herz, obwohl die Situation, in der sie sich befindet, völlig hoffnungslos aussieht.

Nach einiger Zeit wird ihr bewusst, wie gefangen sie ist, und in ihr ist nur noch ein Herzensschrei: »Raus aus diesem Gefängnis!« Da bricht sie den Kokon von innen auf und zu ihrer großen

Überraschung kann sie, nachdem ihre Flügel getrocknet sind, fliegen!

Wenn man so einen Kokon allerdings frühzeitig öffnet, um dem »armen« Schmetterling herauszuhelfen, dann stirbt er und kann sich niemals entwickeln. Die Raupe muss selbst erkennen, dass sie aus ihrem Gefängnis muss. Und die Kraft, die sie dann einsetzt, um den Kokon aufzubrechen, ist die Kraft, die sie später zum Fliegen braucht.

Wenn man in den leeren Kokon schaut, dann findet man gar nichts mehr von der fetten, dicken Raupe; alles von ihrer egoistischen, selbstbezogenen Substanz wurde in einen Schmetterling verwandelt. Diese Geschichte hat mir später im Leben oft geholfen, nicht vor Situationen davonzulaufen, nicht zu klagen, wenn ich mein Leben nicht mehr verstanden habe, sondern mich einfach ganz fest an Jesus zu klammern, der gewiss sein Versprechen hält, dass denen, die ihm vertrauen und ihn lieben, alle Dinge zum Besten zusammenwirken werden (Römer 8,28). Nicht mehr ich lebe, sondern Christus durch mich. Ich muss nicht mehr versuchen, so zu leben, wie Jesus gelebt hat, sondern er lebt ja in mir!

Zerbrochen werden

Ich möchte diesen Prozess noch einmal mit anderen Worten erklären: Wir qualifizieren uns nicht für Gottes Auftrag, indem wir uns mehr Bibelwissen aneignen, mehr beten, uns mehr kasteien. Die entscheidende Frage ist, ob wir Gottes Handeln an uns zulassen. Sind wir schon brauchbare Gefäße in Gottes Hand?

Wir qualifizieren uns nicht für Gottes Auftrag, indem wir uns mehr Bibelwissen aneignen, mehr beten, uns mehr kasteien.

Aber wie werden wir zu solch einem brauchbaren Gefäß? Dazu muss der äußere Mensch zerbrochen werden (das bedeutet: der alte Mensch, was nicht zu verwechseln ist mit unserer uns von

Gott geschenkten Persönlichkeit!). All die Jahre hat Gott schon an uns gearbeitet, obwohl es uns nicht immer bewusst war. Wir sind Leidenswege gegangen, haben in der Vergangenheit viele Schwierigkeiten erfahren und immer wieder hat Gott uns gegen einen Baum rennen lassen, um uns zu zeigen, dass wir auf dem Holzweg sind. Wir haben einen anderen, »unseren«, Weg für richtig erkannt, aber Gott verwehrte uns das Gelingen. In solchen Situationen können wir beten: »Herr, öffne mir die Augen des Herzens, damit ich deine Hand erkennen kann!«

Die Augen eines Esels sind oft schärfer als die Augen des selbst ernannten Propheten (4. Mose 22). Bileams Eselin erkannte den Boten Gottes, aber er selbst war blind für ihn und schlug noch auf sein Tier ein, weil er glaubte, der Esel sei das Problem. Wir müssen erkennen, dass der Zerbruch der Weg Gottes mit uns ist.

Über Jahre hinweg versucht Gott, unseren äußeren Menschen zu einem Ende zu bringen, wenn wir es ihm erlauben und uns ihm ganz zur Verfügung stellen. Er presst und schüttelt uns, drückt und bedrückt uns, sodass wir nicht mehr wie vorher funktionieren können. Und immer wieder versuchen wir, uns aus eigener Kraft aufzurappeln (durchaus auch mithilfe des Wortes Gottes), uns selbst wieder aufzubauen und uns wiederherzustellen, sodass wir wie vorher funktionieren können. Aber das ist der absolut falsche Weg. Wir müssen ganz loslassen und Gott machen lassen.

Nicht immer gehen wir aber gut damit um. Wenn wir in diesen Prozessen stecken und Gott uns einen Strich nach dem anderen durch unsere Pläne macht, dann passiert es oft, dass wir die Menschen und die Umstände dafür verantwortlich machen. Wir sind wie Bileam, der den Boten Gottes nicht sah und auf seinen Esel einschlug: Genauso schlagen wir auf die vermeintlichen »Esel« in unserem Umfeld ein und machen sie für unsere Probleme verantwortlich.

Alles, was uns widerfährt, musste zuerst die Inspektion Gottes passieren. Nichts geschieht ohne sein Wissen. Wir müssen uns demütigen und die Wege Gottes annehmen, auch die Menschen, die er dazu benutzt, um uns an unsere absoluten Grenzen zu bringen.

Möge der Herr uns die Augen des Herzens öffnen, damit wir täglich das Wirken und die Wege Gottes in unserem Leben wahrnehmen. Wenn das geschieht, dann werden wir dankbar seine Pläne erkennen und sie von Herzen annehmen. Dann wird unser Geist freigesetzt und wir werden beginnen aus dem Geist zu leben.

Der innere Mensch kann nur durch den Zerbruch des äußeren freigesetzt werden und zur Wirkung kommen. Unser Herr Jesus Christus weiß, wie er mit jedem von uns umgehen muss und hat den richtigen Weg und das richtige Wort für die richtige Zeit, denn er kennt einen jeden von uns. Er wird uns auch nicht über die Maßen versuchen: »Doch Gott ist treu. Er wird die Prüfung nicht so stark werden lassen, dass ihr nicht mehr widerstehen könnt. Wenn ihr auf die Probe gestellt werdet, wird er euch eine Möglichkeit zeigen, trotzdem standzuhalten« (1. Korinther 10,13).

Das Kreuz erfahren

Das Kreuz ist nicht nur eine Glaubenslehre, das Kreuz muss in uns erfahren werden. Alles, was wir sind, haben, können (positive oder negative Gaben, Fähigkeiten, Wissen, Erkenntnisse, Eigenschaften etc.) und worin wir unsere Identität sehen, muss durchs Kreuz gehen, bevor es von Gott eingesetzt werden und Frucht bringen kann. Es muss durch den Tod mit Jesus Christus. Übrigens: Der schlechte äußere Mensch stirbt viel leichter als der gute, freundliche, humanistische, menschenbezogene, soziale, dienende Mensch ...

Es ist der tiefste Wunsch Gottes, dass seine Kinder die Disziplinierung des Heiligen Geistes schätzen, lieben und annehmen lernen. Die Prozesse, die wir durchlaufen, sind wahrlich nicht einfach, aber das Ergebnis, wenn der äußere Mensch dann gestorben ist, möchte man nie mehr missen. Es ist eine echte Befreiung des inneren Menschen.

Gott möchte, dass wir erkennen, dass wir aus unserer eigenen Kraft (aus dem äußeren Menschen heraus) nicht haben, nicht sind und nicht können, was es braucht, um von ihm in seinem Reich eingesetzt zu werden. Er möchte, dass wir sehen, wie arm wir in unserer eigenen Kraft sind, wie schwach, wie wir im Widerstand gegen ihn gelebt haben, in Dunkelheit gewandelt sind, wie wir unsere eigenen Wege gegangen sind, unsere eigenen Entscheidungen getroffen haben, wie stolz, arrogant und unabhängig wir nun schon so lange gelebt haben.

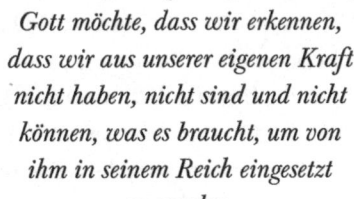

Gott möchte, dass wir erkennen, dass wir aus unserer eigenen Kraft nicht haben, nicht sind und nicht können, was es braucht, um von ihm in seinem Reich eingesetzt zu werden.

Er wünscht sich, dass wir voll Vertrauen in seine Liebe, seine Wege und Pläne einwilligen. Lasst uns deshalb beten, dass der äußere Mensch in der kürzestmöglichen Zeit und mit dem geringsten Aufwand an Schmerz zerbricht und stirbt, sodass der innere Mensch durch den Heiligen Geist durchbrechen kann.

Versuche nicht, den äußeren Menschen vor dem Sterben zu schützen. Lass es zu und gib die Kontrolle ab, sodass der Geist Gottes die Kontrolle in dir gewinnen kann. Sicher: Es sind beängstigende Momente für unsere Seele, aber es ist der einzige Weg zur Fruchtbarkeit in unserer Berufung.

Vor Jahren war bei einem unserer Seminare eine Frau, die während der Predigt bitterlich zu weinen begann. Ich ging zu ihr und fragte sie, was denn los sei, aber sie schluchzte und schluchzte nur. Sie war eine tüchtige und erfolgreiche Geschäftsfrau. Als sie sich beruhigt hatte, erzählte sie mir, dass sie gesehen hatte, wie Jesus vor ihr steht, ihr die Hand entgegenstreckt und sie bittet, vom Thron ihres Herzen herabzusteigen, sodass er sich dort hinsetzen kann. Sie zitterte am ganzen Körper und wiederholte nur immer: »Ich verliere die Kontrolle, ich verliere die Kontrolle. Wenn ich heruntersteige, dann kann er mit mir machen, was er will!«

Letztendlich hat sie sich dem Willen Jesu untergeordnet, ist heruntergestiegen und hat sich neben ihn gestellt. Dann sah sie, wie er hinaufstieg und den Thron ihres Herzens einnahm. Kurz danach winkte Jesus ihr zu und lud sie ein, zu ihm zu kommen. Er rückte auf die eine Seite ihres Herzensthrons und machte ihr Platz, damit sie neben ihm sitzen konnte.

Der Besitzwechsel hat stattgefunden und Jesus hat für immer den ersten Platz bekommen. Der Friede Gottes, der alles menschliche Verstehen übersteigt, kam in ihr Herz und sie war ein neuer Mensch, frei davon, immerzu getrieben zu sein und sich überall und allezeit durchsetzen und beweisen zu müssen. Das passiert, wenn unser äußerer Mensch um Jesu willen stirbt!

Von Ägypten ins verheißene Land

Gott hat verschiedene Wege, um den äußeren Menschen zu zerbrechen. Die meisten von uns müssen von ihrer Eigenliebe, ihrem Eigenschutz und ihrem falschen Selbstvertrauen befreit werden. Und vielen muss ihr Stolz, ihre Unabhängigkeit und ihr Eigenwille gebrochen werden.

Wir alle sind auf der Universität des Heiligen Geistes, und da bekommt jeder Einzelunterricht, wie er es gerade braucht.

Wir alle sind auf der Universität des Heiligen Geistes, und da bekommt jeder Einzelunterricht, wie er es gerade braucht. Man kann nicht von ihr verwiesen werden, nur mehrmals wiederholen. Allerdings haben viele von uns schon zu häufig wiederholt ...

Wenn wir uns die Kinder Israels anschauen, die zuerst in Ägypten waren und unter der Diktatur des Pharao gelitten haben, dann sehen wir folgenden Weg: In Ägypten waren sie in totaler Knechtschaft an den Pharao gebunden. Den Pharao können wir mit dem Teufel vergleichen, Ägypten steht für unseren äußeren Menschen. Doch Gott wollte ihre Freiheit und er teilte das Rote Meer ganz ohne ihr Zutun, es geschah nur durch Gehorsam und die Autorität Gottes, die durch Mose floss. Das Meer ist ein Symbol für unsere Bekehrung und Taufe – der Herr Jesus hat alles für uns vollbracht.

Wir müssen ihn und sein Erlösungswerk am Kreuz nur annehmen.

Anschließend kamen die Israeliten in die Wüste. Wie verhielten sie sich dort? Sie murrten und knurrten und jammerten und meckerten, rebellierten gegen die Leiterschaft und machten sich Götzen, für die sie bereit waren, ihr Kostbarstes zu opfern. In der Wüste waren sie an sich selbst gebunden, was entsetzlich ist, weil man das Problem sehr schlecht erkennt und immer die Umstände oder andere Menschen für seine Erfahrungen verantwortlich macht.

Das Erschreckende für mich ist, dass nur zwei Menschen, die aus Ägypten ausgezogen sind, es wirklich ins verheißene Land (das heißt: ins Leben aus dem Geist) geschafft haben: Josua und Kaleb. Und ich bin immer wieder überrascht darüber, wie die Israeliten es fertig gebracht haben, sich vierzig Jahre in dieser verhältnismäßig kleinen Wüste aufzuhalten und zu bewegen. Das war nur möglich, weil sie dauernd im Kreis gewandert sind, sich immer an den gleichen Steinen gestoßen haben und wahrscheinlich alle an Kreislaufstörungen gestorben sind.

Gott schickte während der Wüstenzeit eine Züchtigung nach der anderen, eine Erziehungsmethode des Heiligen Geistes nach der anderen, aber die Israeliten haben seine Botschaften nicht verstanden, blieben hartnäckig, rebellisch und ungläubig. Sogar Mose selbst durfte wegen seines Ungehorsams nur ins verheißene Land hineinschauen, es aber nicht betreten.

Nur zwei Menschen, die aus Ägypten ausgezogen sind, schafften es also, ins verheißene Land zu kommen. Schauen wir uns diese zwei Männer genauer an:

Josua und Kaleb

Josua und Kaleb hatten Mut und einen unerschütterlichen Glauben an Gott und nicht an sich selbst.

Zwei der Spione – Josua, der Sohn Nuns, und Kaleb, der Sohn Jefunnes –
zerrissen ihre Kleider und sagten zu den Israeliten: »Das Land, das wir
durchwandert und ausgekundschaftet haben, ist sehr gut. Und wenn der
Herr uns gut gesinnt ist, wird er uns in dieses Land bringen und es uns
geben: Es ist ein Land, in dem Milch und Honig überfließen.

4. Mose 14,6-8

Sie waren Gott völlig hingegeben:

Damals wurde der Herr zornig auf die Israeliten und schwor: Von allen,
die aus Ägypten gezogen sind, wird keiner, der 20 Jahre oder älter ist,
jemals das Land sehen, das ich Abraham, Isaak und Jakob mit einem
Eid versprochen habe, denn sie haben mir nicht gehorcht. Einzig Kaleb,
der Sohn Jefunnes, des Kenasiters, und Josua, der Sohn Nuns, haben sich
treu zu mir gehalten.

4. Mose 32,10-12

Josuas geistliche Gesinnung war Heiligung: »Danach gebot Josua
dem Volk: ›Heiligt euch, denn morgen wird der Herr große Wunder unter euch tun‹« (Josua 3,5). Außerdem hatte er Ehrfurcht vor
Gott:

Als Josua in der Nähe von Jericho war, sah er plötzlich einen Mann, der
ihm mit gezücktem Schwert in der Hand gegenüberstand. Josua ging auf
ihn zu und fragte: »Gehörst du zu uns oder zu unseren Feinden?« »Weder
noch«, antwortete er. »Ich bin der Anführer der Heerscharen des Herrn
und bin eben eingetroffen.« Da warf sich Josua voller Ehrfurcht vor ihm
nieder. »Welche Befehle hast du für mich, deinen Diener«, fragte er. Der
Heerführer des Herrn antwortete: »Zieh deine Sandalen aus, denn du
stehst auf heiligem Boden.« Da gehorchte Josua.

Josua 5,13-15

Er war fest entschlossen, Gott zu dienen:

> *»Wenn ihr aber nicht bereit seid, dem Herrn zu dienen, dann entscheidet euch heute, wem ihr dienen wollt: den Göttern, denen eure Vorfahren jenseits des Euphrat dienten oder den Göttern der Amoriter, in deren Land ihr heute lebt? Ich und meine Familie, werden jedenfalls dem Herrn dienen.«*

JOSUA 24,15

Auch Kaleb war tatkräftig und treu bis ins hohe Alter:

> *»Der Herr hat mich bis jetzt am Leben erhalten, wie er es versprochen hat. Vor 45 Jahren gab er Mose während der Wüstenwanderung Israels diese Zusage für mich. Heute bin ich 85 Jahre alt. Ich bin immer noch so stark wie damals, als Mose mich auf Kundschaft schickte, und ich bin heute noch rüstig und genauso gut im Kampf wie damals. Deshalb bitte ich dich, mir das Bergland zu geben, das der Herr mir an diesem Tag versprochen hat. Du wirst dich erinnern: damals kundschafteten wir aus, dass dort die Anakiter in großen, befestigten Städten leben. Doch wenn der Herr mit mir ist, werde ich sie aus dem Land vertreiben, wie der Herr gesagt hat.« Da segnete Josua Kaleb, den Sohn von Jefunne und gab ihm Hebron als Erbteil. Hebron gehört daher bis heute den Nachkommen von Kaleb, dem Sohn des Kenasiters Jefunne, weil er dem Herrn, dem Gott Israels, ganz folgte.*

JOSUA 14,10-14

Josua und Kaleb hielten sich immer eng an Gott, sie waren ihm ganz hingegeben. Sie waren Männer nach dem Herzen Gottes, deshalb wurde es ihnen erlaubt, ins verheißene Land zu ziehen.

Wenn wir auch ins verheißene Land einziehen wollen, müssen wir allerdings zuerst unsere Furcht verlieren und den Jordan überqueren. Die Ältesten mussten die Bundeslade bis zur Mitte des Flusses tragen, erst dann staute sich das Wasser. Das war ein gewaltiger Glaubensakt, der ihre aktive Beteiligung forderte, es war Glauben in Aktion. Sie mussten sich erst die Füße nass machen!

Aber das Wunder geschah: Der obere Teil des Jordans stand still und die Israeliten konnten den Fluss problemlos überqueren (Josua 3).

Nun lebten im verheißenen Land jedoch noch verschiedene Völker, die es galt, zu vertreiben. Auch der Segen, den Gott für uns hat, ist oft noch besetzt, und wir müssen lernen, im Gehorsam mit den Anweisungen des Heiligen Geistes das Land zu erobern. Wenn wir in ein Leben aus dem Geist durchbrechen, wenn wir im verheißenen Land leben, dann sind wir an Gott gebunden und leben nicht mehr aus unserer eigenen Kraft, sondern aus der Kraft Gottes; nicht mehr aus unserer Weisheit, sondern aus Gottes Weisheit; nicht mehr aus unseren guten Ideen, sondern im Gehorsam mit den Anweisungen Gottes.

Auch der Apostel Paulus machte sehr viele und extreme Zerbruchssituationen durch:

Fünfmal haben die Juden mir neununddreißig Hiebe verabreicht. Dreimal wurde ich ausgepeitscht. Einmal wurde ich gesteinigt. Ich habe drei Schiffbrüche überlebt. Einmal verbrachte ich eine ganze Nacht und einen Tag auf dem Meer treibend. Ich habe viele beschwerliche Reisen unternommen und war unzählige Male in großer Gefahr: ob durch Flüsse oder durch Räuber, ob durch mein eigenes jüdisches Volk oder durch Nichtjuden, ob in Städten, in der Einöde oder auf stürmischer See oder durch Leute, die sich als Anhänger von Christus ausgaben, es aber nicht waren. Ich habe Erschöpfung und Schmerzen und schlaflose Nächte kennen gelernt. Oft litt ich Hunger und Durst und habe gefastet. Oft habe ich vor Kälte gezittert und hatte nichts, um mich warm zu halten. Und als wäre das alles noch nicht genug, lebe ich dazu noch täglich in Sorge um das Wohlergehen der Gemeinden.

2. KORINTHER 11,24-28

Trotz all dieser Widrigkeiten konnte er letztendlich sagen: »Ich lebe, aber nicht mehr ich selbst, sondern Christus lebt in mir. Ich lebe also mein Leben in diesem irdischen Körper im Glauben an den Sohn Gottes, der mich geliebt und sich selbst für mich geopfert hat« (Galater 2,20).

Der Weg zur Königskammer

Ein Mensch, der sich um sich selbst dreht, ist ein sehr kleines Paket. Bestimmt 97 Prozent all derer, die einen neuen Kugelschreiber ausprobieren wollen, schreiben zuerst ihren eigenen Namen. Das ist natürlich, aber das Leben eines Christen ist übernatürlich. Es kann nur aus einem Wandel im Geist gelebt werden.

Jesus sagt uns, wenn wir nicht sterben und unser Leben in andere Leben hineinsäen, dann bleiben wir alleine. Suche dir deshalb etwas Größeres als dich selbst und säe dein Leben da hinein. Wenn du einer Not begegnest, an der jeder andere vorübergeht, dann frage den Herrn, ob nicht du dein Leben da hineinsäen sollst.

»Der Größte unter euch muss den anderen dienen« (Matthäus 23,11).

Der Weg zur Königskammer geht durch die Räume der Diener.

Die Diener werden die Größten sein im Reich Gottes.

Willst du dazugehören?

Trennungen gehören zum Leben.
Wer durch den Schmerz der Trennung hindurchgeht,
der wird die Freude neuen Lebens erfahren.
Diese Freude wird uns niemand nehmen können.

Verfasser unbekannt

Kapitel 4

Frei werden

Der Herr aber ist der Geist, und wo immer der Geist des Herrn ist, ist Freiheit.

2. KORINTHER 3,17

Der Herr befreit die Gefangenen.

PSALM 146,7B

Ihr werdet die Wahrheit erkennen, und die Wahrheit wird euch frei machen.

JOHANNES 8,32

Alle Menschen, die nach Adam und Eva auf dieser Welt gelebt haben, wurden mit einer Sündennatur geboren – deshalb muss man auch keinem Kind Unterricht im »Schlimmsein« geben. Es kommt ganz natürlich.

Wir leben in einer Welt, die zum größten Teil von diesen sündhaften Verhaltensmustern geprägt ist. Jesus kam, um uns durch seinen Geist aus diesen Verstrickungen und Verblendungen unseres Herzens herauszuholen und uns in die Freiheit eines geliebten und gewollten, geschätzten und fruchtbaren Kindes Gottes zu versetzen. In diesem Kapitel geht es deshalb um das, wovon wir frei werden dürfen und müssen, wenn wir in unsere Bestimmung kommen wollen.

1. Frei von Begrenzungen

Seit dem Fall Adams hat die Menschheit eine Opfermentalität, eine Mentalität der Verführung, der Begrenzung. Wissenschaftler

63

sagen uns, dass selbst die gescheitesten Köpfe nur zehn Prozent ihres Gehirns aktiv gebrauchen. Man kann sich gar nicht vorstellen, welches Potenzial Gott ursprünglich in uns Menschen hineingelegt hat! Doch diese Einschränkung war wahrscheinlich zu unserem Segen. Wenn wir beobachten, wie viel Gutes, aber auch Schlechtes der Mensch mit der zehnprozentigen Hirnkapazität schon vollbracht hat, kommt mir das Schaudern, was uns mit hundert Prozent einfallen würde zu tun ...

Jesus ist nicht gekommen, um uns in den Zustand des paradiesischen Menschen zurückzuführen, sondern er ist gekommen, um aus uns eine neue Schöpfung zu machen. Er stellt nicht unseren menschlichen Geist wieder her, sondern gibt uns den Heiligen Geist, seinen eigenen Geist. Er verbindet unseren menschlichen Geist mit seinem Heiligen Geist, und das übertrifft den Zustand des Paradieses. Gott möchte uns von dem alten Menschenmodell frei machen und uns ein neues Denken schenken – das Denken einer Neuschöpfung, die mit Christus eins gemacht wurde.

Ich bin kein Produkt meiner Vergangenheit, meiner Erziehung, meiner Kultur, meines Wissens, ich bin ein Produkt des Kreuzes Jesu Christi.

Jesus Christus hat uns am Kreuz das Recht zurückgekauft, mit ihm die Welt zu regieren, zu kultivieren, sogar zu verbessern. Satan hat deshalb nicht die letzte Autorität in dieser Welt. Jesus Christus ist Herr von allem und ich in ihm und mit ihm und durch ihn.

Ich bin nicht mehr länger Opfer, sondern Sieger.

Ich bin kein Sünder mehr, sondern ein in Christus geheiligter Mensch, der allerdings die Wahl hat, zu sündigen oder zu widerstehen und nicht zu sündigen. Wir gehen nicht zu einem Sieg, wir kommen von einem Sieg. »Es ist vollbracht«, das sind die Worte Jesu.

Ich bin kein Produkt meiner Vergangenheit, meiner Erziehung, meiner Kultur, meines Wissens, ich bin ein Produkt des Kreuzes Jesu Christi. Deshalb bin ich nicht begrenzt durch meine Eltern, meine Herkunft, meine Kultur, meine Hautfarbe, mein Geschlecht etc. Ich bin nur durch meine mangelnde Bereitschaft eingeschränkt, in der Freiheit zu wandeln, die Jesus mir so teuer am Kreuz erkauft hat.

Unsere Freiheit ist so groß und umfassend, dass es nicht mehr darum geht, sich Gedanken zu machen, ob man Deutscher, Österreicher, Schweizer, Italiener oder sonstiger Europäer, Afrikaner, Chinese, Mann oder Frau, jung oder alt ist. Wenn du in Jesus Christus bist, dann bist du eine neue Schöpfung, sodass alle anderen Einstufungen und Kategorien nicht mehr entscheidend sind. Ich war Österreicherin – und jetzt bin ich wiedergeboren, ein Kind des Königs aller Könige, ein Tempel des Heiligen Geistes, und gehe auf meine ewige Heimat, den Himmel, zu.

Durch die Begrenzungen unserer Knechtschaft waren wir so eingeschränkt, dass wir nun nicht mehr wissen, wie wir als Freie und Geliebte leben können. Das Problem ist auch, dass wir Angst haben zu glauben, dass wir neue Geschöpfe sind, Heilige, Überwinder in Jesus Christus, Kinder Gottes. Gott liebt uns und ist uns hingegeben. Wir sind seine Erben. Jesus wandelte auf dieser Erde, um uns zu zeigen, wie das neue Menschenmodell aussehen kann. Und er hat uns berufen, in sein Ebenbild verwandelt zu werden. Es gibt keine Begrenzungen mehr!

2. Frei vom ständigen schlechten Gewissen

Jesus ist gekommen, um uns von unserem schlechten Gewissen zu befreien. Das heißt nicht, dass wir nicht mehr sündigen können oder dass wir Sünde nicht mehr bekennen sollen, wenn wir gegen Gottes Wort handeln. Sündenerkenntnis, -bekenntnis und Umkehr sind nicht nur wichtig, sondern ausschlaggebend. Aber wir können unseren Weg in die Gegenwart Gottes nicht hineinbekennen. Wir kommen durch das Blut Jesu Christi zu ihm – durch den Preis, den Jesus Christus bezahlt hat –, nicht durch das, was wir bezahlen.

Das Gesetz brachte also nur einen Schatten des Zukünftigen und nicht die Wirklichkeit der himmlischen Güter. Die Opfer wurden Jahr für Jahr wiederholt, doch sie konnten denen, die zur Anbetung kamen, keine vollkommene Reinigung schenken. Wäre dies der Fall gewesen, dann hätte es keine Opfer mehr gegeben, denn die Opfernden wären ein für alle Mal gereinigt gewesen, und sie hätten ein reines Gewissen.

HEBRÄER 10,1-2

Der Schreiber des Hebräerbriefes sagt hier, dass das Gesetz unser schlechtes Gewissen, unser Sündenbewusstsein, nicht wegnehmen kann, sondern nur eines kann es: das Opfer, das Jesus vollbracht hat, ein für alle Mal:

Genauso starb auch Christus nur einmal als Opfer, um die Sünden vieler Menschen wegzunehmen. Er wird wiederkommen, aber nicht noch einmal wegen unserer Schuld, sondern er wird all denen Rettung bringen, die sehnsüchtig auf seine Rückkehr warten.

HEBRÄER 9,28

Jesus hat sich mit der Sünde ein für alle Mal auseinandergesetzt. Sünde ist nicht mehr das große Problem im Leben. Wenn wir uns jedoch dauernd auf sie konzentrieren, dann straucheln wir auch dauernd. Schau auf Jesus in dir! Wie hat Jesus die Welt überwunden? Er schaute permanent auf den Vater! Deshalb sollen wir auch auf Jesus schauen, den Anfänger und Vollender unseres Glaubens.

Da wir von so vielen Zeugen umgeben sind, die ein Leben durch den Glauben geführt haben, wollen wir jede Last ablegen, die uns behindert, besonders die Sünde, in die wir uns so leicht verstricken. Wir wollen den Wettlauf bis zum Ende durchhalten, für den wir bestimmt sind. Dies tun wir, indem wir unsere Augen auf Jesus gerichtet halten, von dem unser Glaube vom Anfang bis zum Ende abhängt. Er war bereit, den Tod der Schande am Kreuz zu sterben, weil er wusste, welche Freude ihn danach erwartete. Nun sitzt er an der rechten Seite von Gottes Thron im Himmel!

Denkt an alles, was er durch die Menschen, die ihn anfeindeten, ertragen
hat, damit ihr nicht müde werdet und aufgebt.

HEBRÄER 12,1-3

Wenn wir uns auf die Herrlichkeit Jesu Christi und auf die Kraft seiner Auferstehung konzentrieren, dann wird das auch unser Leben durchdringen. Wir werden uns in das verwandeln, was wir im Herzen anschauen!

Es ist der Verführer, der uns ständig an unsere Sünden erinnert und uns einredet, wir seien nicht gut genug, wir seien unmöglich und Jesu nicht würdig. Oft halten wir es sogar noch für gut und lassen diese Verführung zu, weil wir glauben, es würde verhindern, dass wir stolz werden, wenn wir uns unsere Sünden im Bewusstsein halten. Doch das ist falsche Demut – und letztlich eine entsetzliche Form von Stolz, ein Stolz, der sich anmaßt, mehr zu wissen als Gott. Mit einer solchen Einstellung erheben wir uns über das Wort Gottes. Es ist die Frucht des Baumes der Erkenntnis von Gut und Böse.

Wir glauben einer Lüge, wenn wir denken, dass wir in die Hölle kommen, wenn wir sterben und vergessen haben, eine Sünde zu bekennen. Es ist nicht unser Bekenntnis, sondern das Blut Jesu, das uns von aller Sünde reinigt. Unser Glaube an das Blut bewirkt Vergebung und reinigt unser Gewissen. Wir müssen uns nicht täglich, stündlich oder minütlich mit der Sünde befassen. Wir dürfen darauf vertrauen, dass uns der Heilige Geist von Sünde überführen wird. Und natürlich: Wenn er das tut, dann müssen wir auch bekennen und umkehren.

Es ist nicht möglich, uns unseren Weg in seine Gegenwart hineinzubekennen. Wir kommen in seine Gegenwart, wenn wir glauben, dass sein Blut unsere Sünde hinweggenommen hat.

Noch einmal: Es ist nicht möglich, uns unseren Weg in seine Gegenwart hineinzubekennen. Wir kommen in seine Gegenwart, wenn wir glauben, dass sein

Blut unsere Sünde hinweggenommen hat. Wenn uns der Geist Gottes etwas offenbart, dann gibt er uns auch die Kraft zur Veränderung. Er überführt uns von den Dingen, die uns und andere in der Freiheit behindern. Was er nicht möchte, ist, dass wir ständig von Schuld niedergedrückt werden, verwirrt sind und um uns selbst kreisen anstatt um Gott.

Von uns allen wurde der Schleier weggenommen, sodass wir die Herrlichkeit des Herrn wie in einem Spiegel sehen können. Und der Geist des Herrn wirkt in uns, sodass wir ihm immer ähnlicher werden und immer stärker seine Herrlichkeit widerspiegeln.

2. KORINTHER 3,18

Wenn wir nun nicht ständig auf unsere Unvollkommenheit und Sünde blicken sollen – was sollen wir dann tun?

Ihr sollt in uns Diener von Christus sehen, denen die Aufgabe anvertraut wurde, Gottes Geheimnisse zu erklären. Nun erwartet man von einem Menschen, dem ein Amt anvertraut wurde, dass er treu ist. Wie ist das nun bei mir? Bin ich treu gewesen? In dieser Frage spielt es kaum eine Rolle, was ihr oder sonst irgendjemand denkt, ja ich vertraue in diesem Punkt nicht einmal meinem eigenen Urteil. Mein Gewissen ist zwar rein, doch das ist nicht entscheidend. Es ist der Herr selbst, der mich prüft und darüber zu entscheiden hat. Deshalb hütet euch, voreilige Urteile über den Glauben anderer zu fällen, bevor der Herr wiederkommt. Wenn der Herr kommt, wird er unsere tiefsten Geheimnisse ans Licht bringen und unsere verborgensten Beweggründe offenbar machen. Und dann wird Gott jeden so loben, wie es ihm zusteht.

1. KORINTHER 4,1-5

Paulus sagt hier, dass er sich nicht ständig selbst einschätzt und prüft. Er vertraut dem Heiligen Geist; der wird ihn von Sünde überführen und ihm die Wahrheit zeigen. Dabei versucht er nicht, seine Sünden zu verstecken oder zu rechtfertigen. Er weiß, dass er nicht die Weisheit hat, sich selbst zu verstehen. Deshalb vertraut er voll und ganz dem Heiligen Geist; der wird ihn prüfen und ans Licht bringen, was zu ändern ist. Voraussetzung dafür ist natürlich ein offenes, lernfähiges und kritikbereites Herz. In dieser Weise und mit dieser Einstellung dürfen auch wir mit der Sünde umgehen.

3. Frei von Täuschung und Lüge

Wir alle wollen frei sein von Täuschung, auch der Herr wünscht sich das für uns. Doch wir können es nur sein, wenn wir Jesus nachfolgen und ihm erlauben, unser täglicher Lehrer zu sein. Wir kennen nie alle Fakten und Details in den Situationen, in denen wir uns befinden. Aber wir können Jesus vertrauen. So können wir in ihm ruhen und frei werden von unserem Perfektionismus und allem Richten.

Gott möchte uns auch frei machen von aller Täuschung über den Satan. Jeder Christ muss wissen, dass es den Teufel gibt und er ein Dieb, Lügner und Mörder ist. Aber wir müssen auch wissen, dass Jesus den Teufel bereits besiegt hat. Alle Autorität wurde dem Sohn gegeben. Und jedem Gläubigen ist diese Autorität im Namen Jesu Christi ebenfalls gegeben. Es gibt mit Satan keine Kämpfe mehr um Leben und Tod. Jesus hat den Kampf schon gewonnen und auch wir, wenn wir in Jesus Christus bleiben.

Noch ein Gebiet von vielen Täuschungen sind die Prioritäten in unserem Leben. Wie können wir herausfinden, was uns am wichtigsten ist? Schauen wir unsere Freizeitgestaltung, unser Bankkonto und unsere Vorlieben an. Denn was uns am wertvollsten ist, in das investieren wir auch am meisten Zeit, Geld und Aufmerksamkeit.

Wenn wir in der Wahrheit wandeln wollen, müssen wir den Wert des Reiches Gottes kennen. Und wenn wir diesen Wert kennen, dann werden wir sein Reich und seine Gerechtigkeit zuerst suchen (Matthäus 6,33). Gott kann uns von Eifersucht, Habsucht und der Lust nach Verbotenem freisetzen, wenn er uns die höheren Werte offenbart, die wir durch Liebe, Geben und Demut in der Gegenwart und Gemeinschaft mit dem Herrn empfangen.

Der einzige Weg in die wirkliche Freiheit ist das Kreuz. Gott setzt uns frei, indem er uns zum Kreuz führt. Dort ist der Ort des Todes. Der alte Mensch mit all seinem alten Denken, alten Werten, alten Einstellungen und alten Perspektiven *muss sterben*, daran geht kein Weg vorbei. Wir alle wollen Selbstverbesserung, aber keiner von uns will sterben. Ich persönlich hätte mich lieber zu Tode gearbeitet, um das Sterben zu verhindern.

Wir alle wollen Selbstverbesserung, aber keiner von uns will sterben.

Wir sagen: »Herr, ich strenge mich wirklich an, um wie Jesus zu werden.«

Der Herr antwortet: »Nein, ich möchte nicht, dass du dich anstrengst, ich möchte, dass du deinen eigenen Wegen gegenüber stirbst, damit ich dir Jesu Auferstehungsleben geben kann.«

Ein Mensch kann nicht auferstehen, bevor er nicht gestorben ist. Der Tod ist der Weg ins Leben mit Jesus Christus. Neulich habe ich irgendwo gelesen: »Ob durch Geburt oder den Tod, der Herr ruft immer ins Leben!« Ja, das ist wahr!

Das menschliche Konzept von Freiheit drückt sich darin aus, dass alle Rechte gesichert sein müssen. Echte Freiheit bekommen wir jedoch nur, wenn wir alle unsere vermeintlichen Rechte in die liebenden Hände Gottes losgelassen haben, und wir ihnen gegenüber gestorben sind. Was kann die Welt oder Satan einem toten Menschen anhaben? Ein Toter kann nicht von Unsicherheiten, Menschenfurcht, Angst vor Versagen, Sorgen oder Verletzungen gequält werden. Ein Mensch, der dieser Welt gegenüber tot ist, ist deshalb der freieste Mensch. In diesem Zusammenhang erklärt uns Jesus in Matthäus 16,25: »Wer versucht, sein Leben zu behalten, wird es verlieren. Doch wer sein Leben für mich aufgibt, wird das wahre Leben finden.«

Wir sehen das Kreuz als Tod, und das ist es auch. Aber es ist auch der Weg in die größte Freiheit und Erfüllung, wenn wir unser

Leben in Christus haben und nicht in uns selbst oder in unserer Umgebung. Römer 5,10 sagt uns: »Wir sind ja durch den Tod seines Sohnes mit Gott versöhnt worden, als wir noch seine Feinde waren. Dann werden wir erst recht jetzt, wo wir seine Freunde geworden sind, durch das Leben von Christus gerettet werden.«

Unser alter Mensch ist mit Christus gestorben und unser neuer Mensch ist mit Christus auferstanden. Wir bleiben nicht im Grab. Wir gehen hindurch, genauso wie die Israeliten durch das rote Meer gezogen sind. Was ihr Ende zu sein schien, war im Gegenteil das Ende ihrer Feinde. Oft steckt uns Gott mit unseren Widersachern ins gleiche Gehege, um uns in Bewegung zu bringen. Den Pharao hat er dazu gebraucht, dass Israel sich letztlich auf den Weg ins verheißene Land gemacht hat.

Gott gab uns das Kreuz als Ausweg in jeder Situation. Wenn wir das Kreuz annehmen, dann finden wir Leben und Freiheit. Vor vielen Jahren gab mir der Herr in diesem Zusammenhang folgende Vision: Ich sah Jesus am Kreuz hängen. Er lebte noch und war umgeben von Fliegen. Es roch nach Blut – es war alles andere als ein schöner Anblick. Vor dem Kreuz standen einige Gruppen von Menschen.

Die erste Gruppe erhob die Faust gegen Jesus und brüllte: »Warum hast du das und das und das zugelassen?!« Sie machte Gott verantwortlich für alle ihre Fehlentscheidungen und war voller Rebellion, Zorn, Hass und Bitterkeit.

Die zweite Gruppe hatte einen ganz langen Zeigefinger und schrie ihren Mitmenschen zu: »Du bist schuld, dass ...!« Sie erklärte alle anderen, die Eltern, Geschwister, Chefs, Ehepartner etc. für schuldig an ihrem Leid und Unglück. Die Menschen in dieser Gruppe waren voller Anklage, Bitterkeit und Unvergebenheit.

Die dritte Gruppe peitschte sich selbst und strafte sich für alles, was in ihrem Leben schiefgegangen war. Sie machte sich selbst für alles verantwortlich und versank in Selbstmitleid.

Die vierte Gruppe streichelte sich selbst. Die Menschen hier waren die »Selbstbefriediger«, die nie Verantwortung für irgendetwas übernehmen wollen. Sünde? Ach, das wird so schlimm schon nicht sein. Ich bin doch ein guter Mensch ...

Die Menschen in der fünften Gruppe aber knieten am Fuße des Kreuzes und umarmten es. Das Blut Jesu floss über sie und sie wurden weiß wie Schnee. Hinter dem Kreuz war ganz viel Licht und eine Straße aus Gold. Alle, die sich ans Kreuz klammerten, verstanden das Sterben Jesu um ihrer Sünde willen und wurden befreit von aller Schuld und von aller Verdammnis.

Gott sei Dank für das Kreuz! Es macht uns frei von Täuschung und Lüge, über uns selbst, über andere Menschen, über den Teufel und über Gott.

4. Frei von falschen Erwartungen

Die Juden zur Zeit Jesu hatten viele Erwartungen an den Messias. Vor allem sollte er sie von der Unterdrückung der Römer befreien. Doch Jesus Christus hat die »Messias-Dienstbeschreibung«, wie die Menschen sie ihm verordnen wollten, nie angenommen. Er war nicht der Prophet oder der Befreier oder der Pastor, den sie erwartet haben. Im Prinzip sagte er: »Ich werde ich sein!« Er war der Traum im Herzen seines Vaters, und den wollte er erfüllen.

Das Gleiche wünscht sich Gott von uns: Du darfst du sein – und damit den Traum im Herzen deines himmlischen Vaters erfüllen. Der Herr möchte, dass du ein Leben in Ehrlichkeit und Wahrhaftigkeit mit dir selbst und mit anderen und am allermeisten mit ihm selbst lebst. Nur wenn du durch und durch echt bist, bist du frei, der Mensch zu werden, zu dem Jesus dich berufen hat. Dazu musst du dich von falschen Erwartungen verabschieden.

Damit keine Missverständnisse aufkommen: Es handelt sich hierbei nicht um Selbstverwirklichung. Es ist Gottesverwirklichung! Unsere Aufmerksamkeit muss auf dem Herrn liegen, nicht auf uns selbst. Um den Traum Gottes zu leben, müssen wir frei von menschlichen Erwartungen werden – auch unseren eigenen – und aus der Realität des Lebens Jesu in uns leben. »Ich lebe, aber nicht mehr ich selbst, sondern Christus lebt in mir. Ich lebe also mein Leben in diesem irdischen Körper im Glauben an den Sohn Gottes, der mich geliebt und sich selbst für mich geopfert hat« (Galater 2,20).

Wenn du im Herrn wirklich frei bist, dann musst du nichts mehr beweisen und keine Angst mehr haben. Jesus war so frei, in den Tempel zu gehen, auch wenn viele Menschen dort gebunden waren und nicht an ihn glaubten. Er ging in die Synagoge, las die Schrift und betete dort an. Viele Menschen versuchen, frei zu sein, indem sie sich von Menschen fernhalten, die gebunden oder ungläubig sind. Sie haben Angst, dass die Gebundenheiten der anderen sich auf sie übertragen könnten, dass die anderen einen schlechten Einfluss auf sie ausüben könnten, und das zeigt, wie es um ihre Freiheit letztlich wirklich steht.

Wenn du frei bist, dann kannst du überall hingehen. Jesus ging in die Häuser der Pharisäer und hatte Gemeinschaft mit Prostituierten – damit entsprach er nicht den Erwartungen der Pharisäer. Er war außerdem so frei, dass er nicht jeden nach seinen Ansichten verändern musste. Er hatte die Freiheit, zu vertrauen, dass der Wille Gottes sich in einem Prozess entfaltet. Das ist echte Freiheit.

5. Frei von Idealismus und unserer Besserwisserei

Jesus war frei von jeglichem Idealismus. Idealismus kommt nicht von oben. Er ist eine Form von Humanismus. Der Sohn Gottes hat nicht alles kommentiert oder angegriffen, das bei anderen Menschen falsch lief. Er war bereit, sich von einer Prostituierten die Füße waschen zu lassen (Lukas 7,36-50).

Ein Idealist hätte gesagt: »Nein, sie muss zuerst heilig sein und von ihrem schlechten Lebenswandel umkehren, bevor sie mir die Füße wäscht.« Das war auch die Meinung des Pharisäers. Jesu Einstellung war jedoch: Nein, sie darf mir die Füße waschen. Er wusste, dass sie diese Fußwaschung verändern würde.

Wir verändern uns nicht, *damit* wir in die Gegenwart Gottes kommen können. Wir verändern uns, *wenn* wir in seine Gegenwart kommen.

Der heiligste Mann dieser Welt konnte vom Unheiligsten berührt werden. Welches Licht scheint in die Finsternis hinein! Echte Heiligkeit zieht auch die größten Sünder an. Und echte Freiheit hat eine große Anziehungskraft auf diejenigen, die gebunden sind.

6. Frei von der Vergangenheit

Wir können nicht in Freiheit wandeln, wenn wir eine ungelöste Vergangenheit mit uns herumschleppen. Das Kreuz löst alles. Unser Tod mit Jesus am Kreuz ist das Ende unseres alten Lebens. Wenn du mit Jesus stirbst und glaubst, dass deine Vergangenheit aufgelöst ist, und jetzt in dem Bewusstsein lebst, wer Jesus in dir ist, und nicht, wer du warst, dann wirst du erleben, dass das Alte wirklich vergangen ist. »Das bedeutet aber, wer mit Christus lebt, wird ein neuer Mensch. Er ist nicht mehr derselbe, denn sein altes Leben ist vorbei. Ein neues Leben hat begonnen!« (2. Korinther 5,17).

Ablehnung, Einsamkeit, unser eigenes Versagen, die Verletzungen durch andere usw. hören auf, unser Leben zu beeinflussen, wenn wir das Kreuz vollständig umarmen. Wenn wir für alles ständig die Ausrede verwenden, dass wir nicht anders können, weil unsere Eltern so oder so mit uns umgegangen sind oder weil uns diese und jene Situation noch belastet, dann behaupten wir letztlich, unsere Umstände seien stärker als das Kreuz. Doch das Kreuz ist es, wo wir alles niederlegen können, allen vergeben können (so wie Jesus uns bereits vergeben hat), alles aus dem Gefängnis unseres Herzens in die Liebe Gottes hinein loslassen können und durch die offene Tür in die unbegrenzte Freiheit wandern dürfen.

Dieser Weg in die Freiheit kann allerdings durchaus ein Prozess sein. Nicht immer geht das von heute auf morgen und manchmal müssen wir die Hilfe von Seelsorgern in Anspruch nehmen. Wenn wir uns aber wirklich auf Jesus werfen und ihm unsere Vergangenheit in die Hände legen, wird sie schließlich keinen Einfluss mehr auf uns haben können, denn Jesus ist auch für sie gestorben!

Denn Gott war in Christus und versöhnte so die Welt mit sich selbst und rechnete den Menschen ihre Sünden nicht mehr an. Das ist die herrliche Botschaft der Versöhnung, die er uns anvertraut hat, damit wir sie anderen verkünden. So sind wir Botschafter Christi, und Gott gebraucht uns, um durch uns zu sprechen. Wir bitten inständig, so, als würde Christus es persönlich tun: »Lasst euch mit Gott versöhnen!« Denn Gott machte Christus, der nie gesündigt hat, zum Opfer für unsere Sünden, damit wir durch ihn vor Gott gerechtfertigt werden können.

2. KORINTHER 5,19-21

Auch in der Bibel können wir immer wieder sehen, dass man trotz einer dysfunktionalen Herkunftsfamilie und einer schwierigen, belasteten Vergangenheit in die Freiheit und in seine Bestimmung finden kann. Ein Beispiel dafür ist Jabez:

Ein Mann namens Jabez aber war angesehener als alle seine Brüder. Seine Mutter nannte ihn Jabez, denn sie sagte: »Ich habe ihn unter Schmerzen zur Welt gebracht.« Er war es, der zum Gott Israels betete: »Segne mich doch und erweitere mein Gebiet! Sei bei mir in allem, was ich tue, und bewahre mich vor allem Kummer und Schmerz!« Und Gott erfüllte ihm seine Bitte.

1. CHRONIK 4,9-10

»Ich habe ihn unter Schmerzen zur Welt gebracht« – was mag dieser Name wohl ausgelöst haben in dem kleinen Kind Jabez? Jeder, der ihn beim Namen rief, erinnerte ihn an seinen Start auf dieser Welt. Er hatte also schon durch sein Kommen Schmerzen verursacht. Er hatte anderen Probleme bereitet. Oft begegne ich Menschen, die mit so einer Last aus ihrer Kindheit nicht fertig werden.

Die Mutter ist bei der Geburt gestorben ... Die Eltern haben nur geheiratet, weil das Kind unterwegs war, und die Ehe wurde unglücklich ... Der Vater hat sich nie zu seinem Kind gestellt und die Mutter allein gelassen ... Die Mutter erlitt große Schmerzen bei der Geburt und war deshalb längere Zeit krank ... Das Kind hatte nicht das erwartete Geschlecht ... Die Eltern ließen sich scheiden und der quälende Gedanke blieb: »Wäre ich braver gewesen, wäre das nicht passiert« ... Das Kind kam zu schnell nach dem letzten und die Mutter war dadurch sehr gestresst und überfordert. Die unterschwellige oder direkte Botschaft lautete stets: »Du bist eine Belastung, du bist ein Problem.«

Wir können es machen wie Jabez. Er änderte nicht seinen Namen, sondern seine Herzenshaltung.

Wie immer unsere Situation auch aussehen mag, die uns unserer wahren Identität als Geschenk Gottes beraubt hat, wir können es machen wie Jabez. Er änderte nicht seinen Namen, sondern seine Herzenshaltung. Wie hat er das getan?

Jabez betete zum Gott Israels. In anderen Übersetzungen heißt es in Vers 10: »Er rief ihn an.« Auch du kannst das tun. In Jeremia 33,3 gibt Gott uns die Verheißung: »Ruf mich, dann will ich dir antworten und will dir gewaltige und unglaubliche Dinge zeigen, von denen du noch nie gehört hast.«

Schrei zu dem Gott Israels, dem Gott, der dich erschaffen hat, und verschließe oder verhärte dein Herz nicht. Öffne dein Herz und lass deinen Schmerz los. Wirf dein Leben ganz in Gottes Hände. Er wird aus jedem Minus ein Plus machen. Man muss nur loslassen und Gott lassen. Kein Mensch ist auf dieser Welt, weil jemand einen Fehler gemacht hat. Du bist hier, weil Gott dich wollte. Du bist kein Problem, sondern ein besonderes Geschenk Gottes für die Menschen in dieser Zeit und in deiner Umgebung.

Was sagt das Wort Gottes über dich? Mische Bibelverse in deinem Herzen mit Glauben und du wirst sehen, wie sich deine falsche Identität langsam, aber sicher auflösen wird, um der richtigen Identität Raum zu verschaffen.

Mein liebes Kind,

ich kenne dich ganz genau, selbst wenn du mich vielleicht noch nicht kennst: »Herr, du hast mein Herz geprüft und weißt alles über mich« (Psalm 139,1).

Ich weiß, wann du aufstehst und wann du schlafen gehst: »Wenn ich gehe oder wenn ich ausruhe, du siehst es« (Psalm 139,3a).

Ich kenne alle deine Wege: »Du siehst es und bist mit allem, was ich tue, vertraut« (Psalm 139,3b).

Ich habe dich nach meinem Bild geschaffen: »So schuf Gott die Menschen nach seinem Bild, nach dem Bild Gottes schuf er sie, als Mann und Frau schuf er sie« (1. Mose 1,27).

Durch mich lebst und existierst du: »In ihm leben, handeln und sind wir« (Apostelgeschichte 17,28a).

Du bist mein Kind und ich bin dir ganz nahe: »Wir sind seine Nachkommen« (Apostelgeschichte 17,28b).

Ich kannte dich schon, bevor du geboren wurdest: »Ich kannte dich schon, bevor ich dich im Leib deiner Mutter geformt habe. Schon vor deiner Geburt habe ich dich dazu bestimmt, dass du den Völkern meine Botschaften überbringst« (Jeremia 1,5).

Ich habe dich berufen, als ich die Schöpfung geplant habe: »Gott hat uns von Anfang an erwählt, wie er es mit seinem Willen beschlossen hatte. Wir, die wir als Erste auf Christus gehofft haben, sollen mit unserem Leben Gottes Herrlichkeit loben« (Epheser 1,11-12).

Du bist kein Unfall! Ich habe jeden einzelnen Tag deines Lebens in mein Buch geschrieben: »Du hast zugesehen, wie ich im Verborgenen gestaltet wurde, wie ich gebildet wurde im Dunkel des Mutterleibes. Du hast mich gesehen, bevor ich geboren war. Jeder Tag meines Lebens war in deinem Buch geschrieben. Jeder Augenblick stand fest, noch bevor der erste Tag begann« (Psalm 139,15-16).

Ich habe den Zeitpunkt und den Ort deiner Geburt bestimmt und mir überlegt, wo du leben sollst: »Aus einem einzigen Menschen hat er alle Völker der ganzen Welt hervorgebracht. Er hat im Voraus festgelegt, welche aufsteigen und welche stürzen sollten, und er hat ihre Grenzen festgelegt« (Apostelgeschichte 17,26).

Ich habe dich auf erstaunliche und wunderbare Weise erschaffen: »*Ich danke dir, dass du mich so herrlich und ausgezeichnet gemacht hast! Wunderbar sind deine Werke, das weiß ich wohl*« *(Psalm 139,14).*

Ich habe dich im Leib deiner Mutter kunstvoll gestaltet: »*Du hast alles in mir geschaffen und hast mich im Leib meiner Mutter geformt*« *(Psalm 139,13).*

Ich habe dich am Tag deiner Geburt hervorgerufen: »*Seit meiner Geburt hast du mich gehalten, von Anfang an hast du für mich gesorgt*« *(Psalm 71,6).*

Menschen, die mich nicht kannten, haben mich in falscher Weise repräsentiert: »*Jesus sagte zu ihnen:* ›*Wenn Gott euer Vater wäre, würdet ihr mich lieben, weil ich von Gott zu euch gekommen bin. Ich bin nicht hier, weil ich es selbst so wollte, sondern er hat mich gesandt. Warum versteht ihr nicht, was ich sage? Weil ihr gar nicht fähig seid, mein Wort zu hören. Ihr habt den Teufel zum Vater, und ihr tut mit Vorliebe die bösen Dinge, die er tut. Er war von Anbeginn an ein Mörder und hat die Wahrheit immer gehasst. In ihm ist keine Wahrheit. Wenn er lügt, entspricht das seinem Wesen, denn er ist ein Lügner und der Vater der Lüge*‹« *(Johannes 8,42-44).*

Ich bin nicht weit weg von dir oder zornig auf dich. Ich bin die Liebe in Person: »*Wir haben erkannt, wie sehr Gott uns liebt, und wir glauben an seine Liebe. Gott ist Liebe, und wer in der Liebe lebt, der lebt in Gott und Gott lebt in ihm*« *(1. Johannes 4,16).*

Ich wünsche mir nichts sehnlicher, als dir meine Liebe verschwenderisch zu schenken: »*Seht, wie viel Liebe unser himmlischer Vater für uns hat, denn er erlaubt, dass wir seine Kinder genannt werden – und das sind wir auch! Doch die Menschen, die zu dieser Welt gehören, kennen Gott nicht; deshalb verstehen sie auch nicht, dass wir seine Kinder sind*« *(1. Johannes 3,1).*

Ich biete dir mehr an als ein Vater auf der Erde es je könnte: »*Wenn ihr, die ihr Sünder seid, wisst, wie man seinen Kindern Gutes tut, wie viel mehr wird euer Vater im Himmel denen, die ihn darum bitten, Gutes tun*« *(Matthäus 7,11).*

Ich bin der vollkommene Vater: »*Ihr sollt aber vollkommen sein, so wie euer Vater im Himmel vollkommen ist*« *(Matthäus 5,48).*

Alle guten Dinge, die du empfängst, kommen von mir: »Alles, was gut und vollkommen ist, wird uns von oben geschenkt, von Gott, der alle Lichter des Himmels erschuf. Anders als sie ändert er sich nicht, noch wechselt er zwischen Licht und Finsternis« *(Jakobus 1,17).*

Ich stille alle deine Bedürfnisse und sorge für dich: »Hört auf, euch Sorgen zu machen um euer Essen und Trinken oder um eure Kleidung. Warum wollt ihr leben wie die Menschen, die Gott nicht kennen und diese Dinge so wichtig nehmen? Euer himmlischer Vater kennt eure Bedürfnisse. Wenn ihr für ihn lebt und das Reich Gottes zu eurem wichtigsten Anliegen macht, wird er euch jeden Tag geben, was ihr braucht« *(Matthäus 6,31-33).*

Ich habe Pläne für dich, die voller Zukunft und Hoffnung sind: »›Denn ich weiß genau, welche Pläne ich für euch gefasst habe‹, spricht der Herr. ›Mein Plan ist, euch Heil zu geben und kein Leid. Ich gebe euch Zukunft und Hoffnung‹« *(Jeremia 29,11).*

Ich liebe dich mit einer Liebe, die nie aufhören wird: »Ich habe dich schon immer geliebt. Deshalb habe ich dir meine Zuneigung so lange bewahrt« *(Jeremia 31,3).*

Meine guten Gedanken über dich sind so zahlreich wie Sand am Meeresstrand: »Wie kostbar sind deine Gedanken über mich, Gott! Es sind unendlich viele. Wollte ich sie zählen, so sind sie zahlreicher als der Sand! Und wenn ich am Morgen erwache, bin ich immer noch bei dir!« *(Psalm 139,17-18).*

Ich freue mich so sehr über dich, dass ich nur jubeln kann: »Der Herr, dein starker Gott, der Retter, ist bei dir. Begeistert freut er sich an dir. Vor Liebe ist er sprachlos ergriffen und jauchzt doch mit lauten Jubelrufen über dich« *(Zephanja 3,17).*

Ich werde nie aufhören, dir Gutes zu tun: »Ich will einen Bund mit ihnen schließen, der für alle Zeiten gilt. Mein Wort will ich ihnen geben, dass ich mich nie wieder von ihnen abwenden werde, sondern ihnen immer Gutes tun will« *(Jeremia 32,40).*

Du bist für mich ein kostbarer Schatz: »Wenn ihr mir nun gehorcht und den Bund haltet, den ich mit euch schließen werde, sollt ihr vor allen anderen Völkern der Erde mein besonderes Eigentum sein, denn die ganze Erde gehört mir« *(2. Mose 19,5).*

Ich wünsche mir zutiefst, dich fest zu gründen und dir Halt zu geben:

»Ich werde Freude daran haben, ihnen Gutes zu tun und werde sie voller Treue wieder in dieses Land einpflanzen – mit meinem ganzen Herzen und mit meiner ganzen Seele« (Jeremia 32,41).

Wenn du mich suchst, dann werde ich mich von dir finden lassen: »Dann werdet ihr den Herrn, euren Gott, suchen. Und wenn ihr ihn aufrichtig und ernsthaft sucht, werdet ihr ihn finden« (5. Mose 4,29).

Habe deine Freude an mir, ich will dir die Wünsche deines Herzens erfüllen: »Freu dich am Herrn, und er wird dir geben, was dein Herz wünscht« (Psalm 37,4).

Ich selbst habe diese Wünsche und Sehnsüchte in dich hineingelegt: »Denn Gott bewirkt in euch den Wunsch, ihm zu gehorchen, und er gibt euch auch die Kraft zu tun, was ihm Freude macht« (Philipper 2,13).

Ich bin derjenige, der dich ermutigt: »Wir bitten für euch, dass Jesus Christus, unser Herr und Gott, unser Vater, der uns geliebt und uns in seiner Gnade bleibenden Trost und gute Hoffnung geschenkt hat, eure Herzen ermutige und euch stärke in allem, was ihr sagt und tut!« (2. Thessalonicher 2,16-17).

Wenn dein Herz zerbrochen ist, bin ich dir nahe: »Der Herr hört sein Volk, wenn es ihn um Hilfe anfleht, und rettet es aus aller Not« (Psalm 34,18).

Wie ein Hirte sein Lamm trägt, so trage ich dich an meinem Herzen: »Er wird seine Herde weiden wie ein Hirte: Die Lämmer wird er im Arm tragen und sie auf seinem Schoß halten, die Mutterschafe wird er freundlich leiten« (Jesaja 40,11).

Eines Tages werde ich jede Träne von deinen Augen abwischen und alle Schmerzen deines Lebens wegnehmen: »Er wird bei ihnen wohnen und sie werden sein Volk sein und Gott selbst wird bei ihnen sein. Er wird alle ihre Tränen abwischen, und es wird keinen Tod und keine Trauer und kein Weinen und keinen Schmerz mehr geben. Denn die erste Welt mit ihrem ganzen Unheil ist für immer vergangen« (Offenbarung 21,3-4).

Ich bin dein Vater, und ich liebe dich genau so, wie ich meinen Sohn Jesus liebe: »Dann wird die Welt wissen, dass du mich gesandt hast, und wird begreifen, dass du sie liebst, wie du mich liebst« (Johannes 17,23b).

Jesus spiegelt mein Wesen in vollkommener Weise wider: »Der Sohn spiegelt die Herrlichkeit Gottes wider, und alles an ihm ist ein Ausdruck des Wesens Gottes. Er erhält das Universum durch die Macht seines Wortes. Nachdem er uns durch seinen Tod von unseren Sünden gereinigt hat, setzte er sich auf den Ehrenplatz an der rechten Seite des herrlichen Gottes im Himmel« (Hebräer 1,3).

Jesus kam auf diese Welt, um zu zeigen, dass ich nicht gegen dich bin, sondern für dich. Ich habe alles für dich gegeben, weil ich deine Liebe gewinnen will: »Wenn Gott für uns ist, wer kann da noch gegen uns sein? Gott hat nicht einmal seinen eigenen Sohn verschont, sondern hat ihn für uns alle gegeben. Und wenn Gott uns Christus gab, wird er uns mit ihm dann nicht auch alles andere schenken?« (Römer 8,31-32).

Jesus kam, um dir zu sagen, dass ich deine Sünden nicht länger anrechne: »Dieses neue Leben kommt allein von Gott, der uns durch das, was Christus getan hat, zu sich zurückgeholt hat. Und Gott hat uns zur Aufgabe gemacht, Menschen mit ihm zu versöhnen. Denn Gott war in Christus und versöhnte so die Welt mit sich selbst und rechnete den Menschen ihre Sünden nicht mehr an. Das ist die herrliche Botschaft der Versöhnung, die er uns anvertraut hat, damit wir sie anderen verkünden« (2. Korinther 5,18-19).

Sein Tod war der tiefste Ausdruck meiner Liebe zu dir: »Und das ist die wahre Liebe: Nicht wir haben Gott geliebt, sondern er hat uns zuerst geliebt und hat seinen Sohn gesandt, damit er uns von unserer Schuld befreit« (1. Johannes 4,10).

Wenn du das Geschenk, das Jesus dir macht, annimmst, empfängst du meine Liebe und gehörst zu mir: »Wer den Sohn verleugnet, gehört auch nicht zum Vater. Doch wer den Sohn bekennt, der gehört auch zum Vater« (1. Johannes 2,23).

Nichts kann dich jemals von meiner Liebe trennen: »Nichts kann uns von seiner Liebe trennen. Weder Tod noch Leben, weder Engel noch Mächte, weder unsere Ängste in der Gegenwart noch unsere Sorgen um die Zukunft, ja nicht einmal die Mächte der Hölle können uns von der Liebe Gottes trennen. Und wären wir hoch über dem Himmel oder befänden uns in den tiefsten Tiefen des Ozeans, nichts und niemand in der ganzen Schöpfung kann uns von der Liebe Gottes trennen, die in Christus Jesus, unserem Herrn, erschienen ist« (Römer 8,38-39).

Ich war schon immer dein Vater und werde immer ein Vater für dich sein: »Ich kann nur meine Knie beugen vor Gott, dem Vater, dem Vater von allem, was im Himmel und auf der Erde ist« (Epheser 3,14-15).

Ich frage dich nun: Willst du mein Kind sein? »All denen aber, die ihn aufnahmen und an seinen Namen glaubten, gab er das Recht, Gottes Kinder zu werden. Sie wurden dies weder durch ihre Abstammung noch durch menschliches Bemühen oder Absicht, sondern dieses neue Leben kommt von Gott« (Johannes 1,12-13).

Ich warte auf dich, wenn du dich entscheidest, zu mir zurückzukehren: »Er war noch weit entfernt, als sein Vater ihn kommen sah. Voller Liebe und Mitleid lief er seinem Sohn entgegen, schloss ihn in die Arme und küsste ihn. Sein Sohn sagte zu ihm: ›Vater, ich habe gesündigt, gegen den Himmel und auch gegen dich, und bin es nicht mehr wert, dein Sohn zu heißen.‹ Aber sein Vater sagte zu den Dienern: ›Schnell! Bringt die besten Kleider im Haus und zieht sie ihm an. Holt einen Ring für seinen Finger und Sandalen für seine Füße. Und schlachtet das Kalb, das wir im Stall gemästet haben, denn mein Sohn hier war tot und ist ins Leben zurückgekehrt. Er war verloren, aber nun ist er wieder gefunden.‹ Und ein Freudenfest begann« (Lukas 15,20-24).

In Liebe, dein Papa, der allmächtige Gott

Glauben wir den Worten Gottes mehr als allen anderen Worten und Erfahrungen? »Ihr seht also, dass es unmöglich ist, ohne Glauben Gott zu gefallen. Wer zu ihm kommen möchte, muss glauben, dass Gott existiert und dass er die, die ihn aufrichtig suchen, belohnt« (Hebräer 11,6). Er schenkt uns Freiheit von unserer Vergangenheit, er heilt unsere Seele und unser falsches Bild von uns selbst. Er hat uns eine neue Identität gegeben – auf die sollen wir uns stellen.

7. Frei vom Aufschieben in die Zukunft

Viele Menschen leben in der Vergangenheit. Sie wiederholen sie immer wieder, sind fixiert auf ihre Verletzungen oder lösen sich einfach nicht von der Rolle, die ihnen jemand anderes früher einmal gegeben hat (oder die sie sich selbst verpasst haben). Viele andere wiederum leben in der Zukunft. Sie malen sich immerzu aus, was einmal sein wird. »Wenn ich einmal ... reich, älter, verheiratet ... bin, werde ich dies und jenes tun.« Doch das Leben in der Gegenwart zieht dabei an ihnen vorüber. Immerzu verschieben sie alles auf die Zukunft, auch das Leben in ihrer Bestimmung, und dabei verpassen sie den Augenblick. Nur im bewusst gelebten Augenblick haben wir allerdings Vollmacht und Autorität. Gott wirkt in der Gegenwart. Er ist da – das hat Paul Weismantel in einem Gedicht wunderbar ausgedrückt:

Ich bin da

In die Lichtblicke deiner Hoffnung und
in die Schatten deiner Angst,
in die Enttäuschungen deines Lebens
und in das Geschenk deines Zutrauens
lege ich meine Zusage: Ich bin da.

In das Dunkel deiner Vergangenheit und
in das Ungewisse deiner Zukunft,
in den Segen deines Helfens und
in das Elend deiner Ohnmacht
lege ich meine Zusage: Ich bin da.

In das Spiel deiner Gefühle und
in den Ernst deiner Gedanken,
in den Reichtum deines Schweigens und
in die Armut deiner Sprache
lege ich meine Zusage: Ich bin da.

In die Fülle deiner Aufgaben und
in die Leere deiner Geschäftigkeit,
in die Vielzahl deiner Fähigkeiten und
in die Grenzen deiner Begabung
lege ich meine Zusage: Ich bin da.

In das Gelingen deiner Gespräche und
in die Langeweile deines Betens,
in die Freude deines Erfolges und
in den Schmerz deines Versagens
lege ich meine Zusage: Ich bin da.

In die Enge deines Alltags und
in die Weite deiner Träume,
in die Schwäche deines Verstandes und
in die Kräfte deines Herzens
lege ich meine Zusage: Ich bin da.

Aus: In der Stille der Nacht. Gedanken und Gebete zu Advent und Weihnachten

Die lange Bank ist das beliebteste Möbelstück des Feindes. Wir kennen den Spruch: »Morgen, morgen, nur nicht heute, sagen alle faulen Leute!« Je bequemer ein Mensch ist, umso mehr will er morgen, ein anderes Mal machen. Das trifft auch zu, wenn es um das Leben mit Gott geht. Doch aufgeschobener Gehorsam ist Ungehorsam. Gehorsam bedeutet immer »sofort«. »Gott sprach und es ward« (1. Mose 1).

Heute ist der richtige Tag, und was man nicht gleich tut, dauert meistens sehr lange. Meist wollen wir zuerst verstehen, warum, bevor wir etwas tun, aber bei Gott sollen wir gehorsam sein, auch wenn wir noch nicht alles verstehen. Das Tragische am Leben ist nicht, dass es so früh endet, sondern dass wir so lange warten, bis wir damit anfangen.

Schlag nicht die Zeit tot, träume nicht immer nur deine Zukunft herbei, verschiebe nicht alles auf morgen. Heute ist der Tag!

Wenn du die Stimme Gottes vernimmst, dann gehorche sofort und lerne, im Augenblick zu leben. Dann wirst du Wunder erleben.

8. Frei von Sorgen

Deshalb beugt euch demütig unter die Hand Gottes, dann wird er euch ehren, wenn die Zeit dafür gekommen ist. Überlasst all eure Sorgen Gott, denn er sorgt sich um alles, was euch betrifft!

1. PETRUS 5,6-7

Viele Jahre lang habe ich diese Schriftstelle nicht verstanden. Ich war der Meinung, als verantwortlicher Christ trage man nicht nur seine eigenen Sorgen, sondern auch die Sorgen aller anderen Menschen um einen herum. Als mir der Herr dieses Wort dann erklärte, wusste ich zuerst nicht, wie ich meine Sorgennatur loswerden konnte. Aber als mir bewusst wurde, ich solle meine Sorgen auf Gott *werfen*, kam mir folgender Gedanke: Ich schrieb alle meine Sorgen auf einzelne Zettel auf, knüllte sie dann zusammen und warf sie auf das Kreuz in meinem Wohnzimmer.

Später entdeckte ich dann folgenden Vers aus dem Philipperbrief:

Sorgt euch um nichts, sondern betet um alles. Sagt Gott, was ihr braucht, und dankt ihm. Ihr werdet Gottes Frieden erfahren, der größer ist, als unser menschlicher Verstand es je begreifen kann. Sein Friede wird eure Herzen und Gedanken im Glauben an Jesus Christus bewahren.

PHILIPPER 4,6-7

Es war ein langer Prozess und bis heute gelingt es mir nicht immer sofort, mich um nichts zu sorgen. Der Feind versucht wieder und wieder, unser Vertrauen auf Gott zu stören. Er schleicht sich mit Gedanken ein wie: »Und wenn Gott doch nicht ...?« »Was ist, wenn ...?« »Vielleicht hast du Gott ja falsch verstanden?«

Letztlich geht es immer nur um das eine: Gott zu vertrauen. Und je länger ich glaube, desto mehr bin ich davon überzeugt, dass der Herr sich bis ins kleinste Detail meines Lebens um mich sorgt und um jeden anderen, der ihm vertraut. Immer und immer wieder habe ich das erlebt.

Inzwischen habe ich eine »EDJE-Box« (*Etwas, das Jesus erledigt-*Box). In diese Box (theoretisch kann man jedes beliebige Gefäß dafür verwenden) werfe ich auf Zetteln geschrieben alles hinein, was mir Sorge macht, was mich bedrückt, auch die Wünsche, die Gott mir ins Herz legt ...

Folgender Text hat mich zu meiner Box inspiriert (Verfasser unbekannt):

Guten Morgen, ich bin es, Gott!

Heute werde ich mich um all deine Probleme kümmern.
Aber bitte, vergiss nicht, ich brauche dazu deine Hilfe!
Sollte es geschehen, dass der Feind dich in eine Situation bringt,
mit der du nicht fertig wirst,
versuche erst gar nicht, das Problem selbst zu lösen,
sondern bitte sei so freundlich
und wirf das Problem in die EDJE-Box hinein
(*Etwas, das Jesus erledigt-*Box).
Ich werde mich zur rechten Zeit darum kümmern,
zu meiner Zeit, nicht dann, wenn du meinst, es wäre richtig.
Wenn du dein Problem einmal in die Box geworfen hast,
dann halte nicht länger daran fest
und versuche auch nicht,
es wieder herauszuholen.
Jedes Festhalten oder jeder Versuch, es wieder herauszuholen,
wird die Lösung deines Problems nur verzögern.
Wenn du meinst, das Problem selbst bewältigen zu können,
komme bitte dennoch zuerst im Gebet zu mir,
damit du dir sicher sein kannst,
auch die richtige Lösung zu haben.

Da ich weder schlafe noch raste,
ist es nicht notwendig, dass du deinen Schlaf versäumst.
Bleibe ruhig, mein Kind!
Wenn du mich brauchst,
erreichst du mich jederzeit mit einem Gebet.

Je mehr du lernst, zu Jesus zu kommen und deine Sorgen mit Lobpreis und Danksagung abzugeben, umso schneller wirst du erfahren, dass Gott für dich arbeitet. Du wirst dich die meiste Zeit wie im Urlaub fühlen! Als neue Schöpfung musst du nicht immer auf Nummer sicher gehen, du kannst deinem Gott vertrauen – allezeit und in allen Umständen. Und wir können von Jesus lernen, indem wir immer wieder fragen: »Herr, wie verhältst du dich in dieser Situation?«

Lass los und lass Gott wirken. Und vor allem lerne täglich von Jesus, der in dir lebt und mit dir geht.

Auf, auf, gib deinem Schmerze
und Sorgen gute Nacht,
lass fahren, was das Herze
betrübt und traurig macht.
Bist du doch nicht Regente,
der alles führen soll,
Gott sitzt im Regimente
und führet alles wohl.

Paul Gerhardt

9. Frei von Angst

Denn Gott hat uns nicht einen Geist der Furcht gegeben, sondern einen Geist der Kraft, der Liebe und der Besonnenheit.

2. TIMOTHEUS 1,7

Dieser Vers liest sich so leicht, aber wie verhält es sich wirklich bei uns?

Als ich dieses Wort vor vielen Jahren zum ersten Mal bewusst gelesen habe, lachte es in mir und ich erkannte, dass da etwas bei mir nicht stimmt. Ich war ein ängstlicher und verzagter Mensch, schon von Kindheit an. Nein, dieser Bibelvers war in meinem Leben keine Realität. Ich wollte aber, dass mein Herz mit dem Wort Gottes eins wird. Also schrieb ich diese Schriftstelle auf viele Zettel, die ich überall dorthin klebte, wo ich mich des Öfteren während des Tages aufhielt. Und dann entschloss ich mich, mir diese Schriftstelle so lange laut zu predigen, bis mein Herz diese Wahrheit glaubte.

Ich suchte mir einen einsamen Waldweg aus und schrie mir selbst laut zu: »Maria, der Herr hat dir keinen Geist der Angst oder Verzagtheit gegeben, sondern der Kraft, der Liebe und der Besonnenheit (und des gesunden Menschenverstandes).« Und wieder lachte es in mir. Ich schrie: »Teufel, schweig!« Einige Wochen lang wiederholte ich diese Übung, bis mein Herz ruhig wurde und es in mir nicht mehr lachte.

Heute bin ich überzeugt, dass ein Dämon der Angst in mir gelacht hat. Aber damals wusste ich noch nicht, welche Autorität ich in Jesu Namen in solchen Situationen habe und dass ich ihm sofort hätte gebieten können zu verschwinden. So habe ich jedoch dem Dämon die Wahrheit so lange zugeschrien, bis es ihm zu viel wurde und er abgehauen ist. Heute bin ich frei von Verzagtheit und werde nicht mehr von Ängsten gequält.

Die Angst möchte uns dazu bringen, vor etwas davonzulaufen, das gar nicht hinter uns her ist. Billy Sunday, ein großer Evangelist, hat einmal gesagt: »Die Angst hat an meine Türe geklopft, Glaube hat geantwortet und es war niemand da.«

Das Wort Gottes ist voll von Zusagen, dass wir Gott vertrauen und uns nicht von Ängsten lähmen lassen sollen. Wir können uns diese Verheißungen auf Zettel schreiben, die wir an bestimmten Stellen in unserer Wohnung aufhängen und die uns so immer wieder daran erinnern, wer unser Herr ist – Gott, nicht die Angst.

Und wir können sie uns auch selbst zusprechen und predigen, so wie ich damals im Wald.

Der Herr ist mein Licht und mein Heil – vor wem sollte ich mich fürchten? Der Herr beschützt mich vor Gefahr – vor wem sollte ich erschrecken?
PSALM 27,1

Gott, ich preise dein Wort und vertraue auf dich, warum sollte ich mich fürchten? Was können mir Menschen anhaben?
PSALM 56,5

Mein Sohn, schenk mir dein Herz und lass deine Augen sich an meinen Wegen der Weisheit freuen.
SPRÜCHE 23,26

Hab keine Angst, ich habe dich erlöst. Ich habe dich bei deinem Namen gerufen; du gehörst mir. Wenn du durch Wasser gehst, werde ich bei dir sein. Ströme sollen dich nicht überfluten! Wenn du durch Feuer gehst, wirst du nicht verbrennen; die Flammen werden dich nicht verzehren!
JESAJA 43,1-2

Die meisten Menschen glauben ihren Zweifeln und zweifeln an ihrem Glauben. Nähre deinen Glauben mit dem Wort Gottes, und sieh dann zu, wie deine Zweifel verhungern! Der Teufel soll an jedem Morgen, wenn du aufstehst, sagen: »O nein, mein Tag ist schon wieder verhunzt, ... ist gerade aufgestanden und er/sie weiß um die Autorität, die der Herr ihm/ihr gegeben hat. Er/sie wird sie schamlos bei mir anwenden!«

Eine bekannte Geschichte aus dem Neuen Testament zeigt uns, was wir tun müssen, wenn wir Angst bekommen: zu Jesus schreien und auf ihn blicken. Darüber hinaus dürfen wir darauf vertrauen, dass er wirklich immer bei uns ist.

In der Zwischenzeit gerieten die Jünger weit weg vom Ufer in Seenot, denn ein starker Wind war aufgekommen, und sie hatten gegen hohe

Wellen anzukämpfen. Gegen drei Uhr morgens kam Jesus über das Wasser zu ihnen. Als ihn die Jünger sahen, schrien sie entsetzt auf, denn sie hielten ihn für einen Geist. Doch Jesus sprach sie sogleich an: »Es ist gut«, sagte er. »Ich bin es! Habt keine Angst.«

Da rief Petrus ihm zu: »Herr, wenn du es wirklich bist, befiehl mir, auf dem Wasser zu dir zu kommen.«

»Dann komm«, sagte Jesus.

Und Petrus stieg aus dem Boot und ging über das Wasser, Jesus entgegen. Als er sich aber umsah und die hohen Wellen erblickte, bekam er Angst und begann zu versinken. »Herr, rette mich!«, schrie er.

Sofort streckte Jesus ihm die Hand hin und hielt ihn fest. »Du hast nicht viel Glauben«, sagte Jesus. »Warum hast du gezweifelt?«

Als sie schließlich zurück ins Boot stiegen, legte sich der Wind.

MATTHÄUS 14,24-32

Als Petrus dem Worte Jesu gehorchte und aus dem Boot auf das Wasser des Sees Genezareth stieg, konnte er sicher auf dem Wasser wandeln – solange er seine Augen auf Jesus heftete. Doch als er seinen Blick von Jesus abwandte und auf die tobenden Wellen sah, fing er an zu sinken.

Lasst uns unseren Blick auf Jesus richten, den Anfänger und Vollender unseres Glaubens! In dir wohnt kein Angsthase, sondern der Löwe von Juda!

10. Frei von Menschenfurcht

Wenn ich mich länger auf einem Friedhof aufhalte, dann werde ich schnell von einer depressiven Stimmung ergriffen. Mir wird jedes Mal bewusst, wie viele Menschen hier in den Gräbern liegen und wie wenige davon wirklich in ihrer Bestimmung gelebt haben. Was hat sie daran gehindert? Ich bin gewiss, zum Teil wurden sie gebremst von Menschenfurcht, Menschengefälligkeit und Menschenhörigkeit. Sie wollten es den Menschen recht machen.

Gott hat mich einmal gefragt, ob ich im Leben geliebt oder respektiert werden will. Meine Antwort war eindeutig: »Herr, ich will geliebt werden!«

Daraufhin lautete die schockierende Reaktion Gottes: »Dann kann ich dich in meinem Reich nicht gebrauchen, denn dann bist du manipulierbar; du wirst alles tun, was andere von dir wollen, nicht, was ich von dir will – nur damit du geliebt wirst!«

Ich wollte Gottes Willen tun, aber wenn meine Umgebung anderer Meinung war, bin ich leicht umgekippt und habe gemacht, was die anderen wollten. Doch der Heilige Geist sprach mir ins Herz und ermahnte mich dazu, mich dazu zu entscheiden, klar den geoffenbarten Weg des Herrn zu gehen – selbst wenn ihn niemand verstand oder mit mir ging – oder ich würde abberufen. Das brachte in mir ein für allemal eine rasche Gesinnungsänderung.

Mit »abberufen« meine ich nicht, dass ich meine Erlösung verloren hätte, sondern dass ich mich um sehr viel Segen, Freude, Fruchtbarkeit und Leben gebracht hätte. Wenn Eltern mit ihren Kindern auf Besuch sind und sich die Kinder beschämend benehmen und nicht gehorchen, kann es durchaus sein, dass sich die Eltern entschließen: »Jetzt gehen wir aber heim!« Ganz ähnlich kam mir diese Ermahnung Gottes vor.

In Jeremia 17,5-10 erkennen wir eindeutig, welche Konsequenzen die Menschen- und die Gottesfurcht jeweils mit sich bringen. Wir können uns entscheiden, wo wir wohnen wollen – im trockenen Wüstenland oder an fruchtbaren Wasserufern.

11. Frei von dir selbst

Was bedeutet es, sich selbst zu sterben?

Du bist dir selbst gestorben, wenn dein Herz glücklich ist, auch wenn man dich vergisst, vernachlässigt oder gar absichtlich ignoriert; wenn du dich wegen einer solchen Beleidigung nicht verletzen oder kränken lässt, sondern dich freust, weil du für würdig geachtet wurdest, für Christus zu leiden.

Du bist dir selbst gestorben, wenn du nicht zulässt, dass Zorn in deinem Herzen hochkommt, auch wenn das Gute, das von dir kommt, als böse dargestellt wird, wenn deine Wünsche durchkreuzt und dein Rat verachtet werden oder deine Meinung als lächerlich abgestempelt wird; wenn du dich nicht selbst verteidigst, sondern alles in geduldiger, liebender Stille hinnimmst.

Du bist dir selbst gestorben, wenn es dir nichts ausmacht, dass du nicht im Vordergrund stehst; wenn du im Gespräch nicht auf dich selbst aufmerksam machst oder deine guten Taten hervorhebst; wenn du kein Verlangen nach Lob oder Anerkennung hast, sondern es wirklich liebst, unbekannt zu sein.

Du bist dir selbst gestorben, wenn du mit jeglicher Speise, jedem Opfer, jeder Kleidung, jedem Klima, jeder Gesellschaft oder Einsamkeit und jeder Störung durch den Willen Gottes zufrieden bist.

Du bist dir selbst gestorben, wenn du dich ehrlich mit deinem Bruder freuen kannst, wenn er Erfolg hat und alle seine Bedürfnisse gestillt werden; wenn du weder neidisch wirst noch Gott infrage stellst, obwohl deine eigenen Bedürfnisse möglicherweise viel größer sind und es dir viel schlechter geht als ihm.

Du bist dir selbst gestorben, wenn du Korrektur und Zurechtweisung von jemandem, der weniger Ahnung oder eine geringere Position hat als du, annehmen kannst; wenn du dich sowohl innerlich als auch äußerlich demütig unterordnen kannst und dabei keinerlei Rebellion oder Groll in deinem Herzen entdeckst.

Bist du schon tot?

Der Geist Gottes möchte uns immer wieder zum Kreuz Jesu bringen: »Ich lebe, aber nicht mehr ich selbst, sondern Christus lebt in mir. Ich lebe also mein Leben in diesem irdischen Körper im Glauben an den Sohn Gottes, der mich geliebt und sich selbst für mich geopfert hat« (Galater 2,20).

Erst wenn wir erkennen, dass Jesus am Kreuz nicht nur für unsere Sünden gestorben ist, sondern dass wir (der alte, unabhängige, negative und sündige Mensch) mit ihm gekreuzigt wurden, werden wir mit Freuden entdecken, dass unsere wahre Identität durch unser Sterben mit Jesus kommt.

Die meisten Gläubigen können wenig damit anfangen, wenn man ihnen sagt, dass Erfolg aus der Niederlage kommt, Gewinn aus dem Verlust, Gelingen aus dem Versagen, Leben aus dem Tod, dass der Karfreitag vor dem Ostersonntag kommt. Viele wollen einfach nur Frieden, Freude und Auferstehungskraft, aber wenige sehnen sich nach dem Kreuzestod. Die Kreuzigung kam jedoch vor der Auferstehung. Viele Menschen ziehen es vor, sich selbst anzustrengen, und manche arbeiten sich lieber zu Tode, um das Sterben zu verhindern (mir selbst ging es so, wie ich schon erzählt habe). Andere wieder versuchen es so sehr, zu sterben, dass sie nicht leben können. Und wenn man sich in allem immer nur auf die Gnade verlässt, ohne umzukehren, dann wird man passiv und unbeherrscht.

Die meisten Gläubigen können wenig damit anfangen, wenn man ihnen sagt, dass Erfolg aus der Niederlage kommt, Gewinn aus dem Verlust, Gelingen aus dem Versagen, Leben aus dem Tod, dass der Karfreitag vor dem Ostersonntag kommt.

Sieg, Annahme und Identität werden von den Ungläubigen, aber auch von fleischlichen Christen durch fleißiges Tun und emsiges Handeln gesucht, aber die Bibel lehrt uns, das man nur durch Sterben den Sieg, das wahre Angenommen-Sein und echte Identität erhält: »Denn als wir mit Christus starben, wurden wir von der Macht der Sünde befreit« (Römer 6,7). Und: »Er starb ein für alle Mal, um die Sünde zu besiegen, und nun lebt er für Gott. Deshalb haltet daran fest: Ihr seid für die Sünde tot und lebt nun durch Christus Jesus für Gott!« (Römer 6,10-11).

Unser Sieg wurde am Kreuze errungen, als wir in Christus der Sünde gegenüber starben – nicht weil wir selbst gegen sie angekämpft und sie überwunden haben, sondern weil wir in Christus sind, dem, der Sieger über die Sünde war und ist.

Ich kann mich erinnern, dass ich nach der frischen und befrei-
enden Offenbarung meines Gestorbenseins mit Jesus und meines
neuen Lebens in ihm auf Verletzungen, Missachtungen, Ableh-
nungen oder Ähnliches folgendermaßen reagiert habe. Ich sagte
dann einfach: »Herr Jesus, es tut mir leid, wie sie dich heute wieder behandeln!«

Jemand hat einmal gesagt, wir sind wie ein Teebeutel – er ist
nicht viel wert, bis er ins heiße Wasser getaucht wird. Auch wir
erkennen erst in widrigen Umständen, was wirklich in uns ist und
ob wir Jesus schon gestorben sind.

Stehe fest in deiner Freiheit

Jesus hat uns wirklich frei gemacht, und wir dürfen uns immer
wieder auf und in diese Freiheit stellen. Doch noch etwas müssen
wir erkennen: Religiöse Menschen wollen uns immer wieder zurück in die Gebundenheit führen. Sie sind wie die Pharisäer und
wollen uns Regeln und Gesetze auferlegen. Leider folgen wir ihnen oft, denn die Vertrautheit der Gebundenheit ist für uns ange-
nehmer als die Herausforderung der unbegrenzten Freiheit.

Ich ermutige dich: Glaube immer, dass Gott gut ist, wie die
Schrift sagt; dass er allgegenwärtig, allmächtig und allwissend ist.
Du kannst dem Gott vertrauen, der sein neues Gesetz in dein Herz
geschrieben hat. Er wird dich auf den Wegen der Gerechtigkeit
führen. Folge ihm! Bleib allezeit mit ihm und seinem Wort verbunden! Umarme das Kreuz und lege deine Begrenzungen, das stän-
dige schlechte Gewissen, die Täuschung und Lüge, deine falschen
Erwartungen, deinen Idealismus, deine ungelöste Vergangenheit,
dein Aufschieben auf die Zukunft, deine Sorgen, deine Angst und
deine Menschenfurcht ab. Du bist ein Kind des Königs, du darfst
frei sein! Lass das hinter dir, was dich noch hindert, in die Freiheit
des Vaters zu kommen. Höre nicht mehr auf die Lügen des Teufels,
der dich klein, ängstlich, begrenzt und unfrei halten will. Dietrich
Bonhoeffer hat ein kraftvolles Glaubensbekenntnis geschrieben,

das auch wir uns immer wieder zu eigen machen können, um in die Freiheit zu kommen:

Ich glaube,
dass Gott aus allem, auch aus dem Bösesten,
Gutes erstehen lassen kann und will.
Dafür braucht er Menschen, die sich alle Dinge
zum Besten dienen lassen.

Ich glaube,
dass Gott in jeder Notlage
so viel Widerstandskraft geben will,
wie wir brauchen.
Aber er gibt sie nicht im Voraus,
damit wir uns nicht auf uns selbst,
sondern allein auf ihn verlassen.
In solchem Glauben müsste alle Angst
vor der Zukunft überwunden sein.

Ich glaube,
dass auch unsere Fehler und Irrtümer
nicht vergeblich sind,
und dass es Gott nicht schwerer ist,
mit ihnen fertig zu werden als mit unseren Guttaten.

Ich glaube,
dass Gott kein zeitloses Fatum ist,
sondern dass er auf aufrichtige Gebete
und verantwortliche Taten wartet und antwortet.

Aus: Widerstand und Ergebung, Dietrich Bonhoeffer Werke 8, S. 30f.

Kapitel 5

Das weite Land deiner Bestimmung

Auch dich rettet Gott aus dem Rachen der Not. Anstelle der Enge schenkt er dir einen weiten Raum – Behaglichkeit an einem reich gedeckten Tisch.

Hiob 36,16

Im letzten Kapitel haben wir gesehen, dass Gott uns freimachen will. Doch das ist nur der erste Schritt. Es geht nicht nur darum, von negativen Dingen frei zu werden, sondern im Anschluss daran in das zu kommen, *wozu* er uns freigesetzt hat. Gott geht es viel weniger darum, dass wir bestimmte Dinge vermeiden oder hinter uns lassen (auch wenn das wichtig ist), als dass wir uns von ihm in das führen lassen, was er für uns vorbereitet hat. Unser Blick soll nach vorne, zu ihm hin gehen! Vor uns liegt das weite Land unserer Bestimmung – setzen wir mutig Schritt für neuen Schritt und entdecken wir das Leben, das Gott schenkt.

1. Glaube den Verheißungen Gottes und bleibe in Gott

Jesus lebte von jedem Wort, das aus dem Munde Gottes kam (Matthäus 4,4). Dieses Wort war für ihn Gesetz; die Gesetze von Menschen konnten ihn nicht einschüchtern. Er war Gott gleich, deshalb konnte er loslassen:

Geht so miteinander um, wie Christus es euch vorgelebt hat. Obwohl er Gott war, bestand er nicht auf seinen göttlichen Rechten. Er verzichtete auf alles; er nahm die niedrige Stellung eines Dieners an und wurde als Mensch geboren und als solcher erkannt. Er erniedrigte sich selbst und war gehorsam bis zum Tod, indem er wie ein Verbrecher am Kreuz starb.

Deshalb hat Gott ihn in den Himmel gehoben und ihm einen Namen gegeben, der höher ist als alle anderen Namen. Vor diesem Namen sollen sich die Knie aller beugen.

PHILIPPER 2,5-10A

Jesus lebte sein Leben nicht auf der Basis von Gesetzen und Regeln, sondern aufgrund der Treue des Vaters und seiner Verheißungen. Ich habe im vorigen Kapitel schon gezeigt, dass wir nicht in Freiheit wandeln können, wenn wir dauernd mit einem schlechten Gewissen herumschleichen, denn dann werden wir fortwährend versuchen, uns zu verbessern, anstatt in Einheit zu wandeln mit dem, der bereits perfekt ist – Jesus Christus.

Bleibt in mir, und ich werde in euch bleiben. Denn eine Rebe kann keine Frucht tragen, wenn sie vom Weinstock abgetrennt wird, und auch ihr könnt nicht, wenn ihr von mir getrennt seid, Frucht hervorbringen. Ich bin der Weinstock; ihr seid die Reben. Wer in mir bleibt und ich in ihm, wird viel Frucht bringen. Denn getrennt von mir könnt ihr nichts tun.

JOHANNES 15,4-5

Dieses Wort Gottes klingt so einfach und doch ist es so schwer, es im Alltag zu leben. Es ist oft noch so viel Stolz und Unabhängigkeit in uns, dass es uns schwerfällt, in allem und allezeit in dieser Verbindung und Abhängigkeit von Gott zu leben. Aber genau das ist das Geheimnis eines fruchtbaren Lebens.

Eine liebe Bekannte von mir lebte in der Wiener Gegend neben einem Weinberg. Im Frühjahr, bevor die Winzer kamen, um die Rebstöcke zu beschneiden, holte sie sich einige große Zweige, die sie mit Wasser in eine Vase in ihr Wohnzimmer stellte. Sie war überrascht, als die Zweige zu treiben begannen – doch bei dem guten Licht, der Wärme und dem Wasser, das sie regelmäßig wechselte, war es eigentlich nicht überraschend.

Die Zweige fingen nicht nur an, Blätter zu treiben, sondern auch zu blühen. Begeistert über ihren Erfolg stellte sie die Vase nun jeden Tag bei Sonnenschein auf die Veranda in die frische

Luft und erwartete, dass auch die Bienen kämen, um die Blüten zu bestäuben. Doch zu ihrer großen Enttäuschung fingen die Zweige an zu faulen und die Blüten fielen ab. Dies war für sie ein geistliches Bild, und Gott erinnerte sie an die Schriftstelle aus Johannes 15,4-5.

Gott hat uns geschaffen, damit wir in einer ununterbrochenen Herzensverbindung mit ihm leben und somit immer an der wahren Quelle des Lebens bleiben. Sein Leben soll durch uns fließen, damit Frucht entsteht, die bleibt. Erst wenn wir unsere Bedürftigkeit erkennen und darin zur Ruhe kommen, fällt es uns immer leichter, im Herrn und in seinem Wort zu bleiben. Denn nur aus diesem Wort dürfen und sollen wir leben – auf seine Verheißungen dürfen wir uns stellen, auf seine Zusagen dürfen wir bauen, auf nichts anderes!

2. Lebe deine Leidenschaft

Tu alles, was du mit deiner Kraft bewirken kannst. Denn wenn du erst einmal im Totenreich bist, gibt es weder Tun noch Gedanken, weder Erkenntnis noch Weisheit.

PREDIGER 9,10

Für mich drückt dieser Vers Leidenschaft aus (das ist allerdings ein großer Unterschied zur Anstrengung, wo es in erster Linie um unsere guten Werke geht!). Menschen, die nur ein »Interesse« an ihrer Bestimmung und Berufung haben, werden nicht weit kommen. Ein leidenschaftlicher Mensch übertrifft alle, die nur interessiert sind. Jesus Christus hätte nie den Weg zu unserer Erlösung gehen können, wenn er lediglich an uns interessiert gewesen wäre. Es brauchte seine leidenschaftliche Liebe zu uns, die ihm die Kraft gab, durchzuhalten, alles durchzustehen und nicht aufzugeben.

Ohne Leidenschaft wurde noch nie etwas erreicht, was von Bedeutung gewesen wäre. Wenn du das unterdrückst, was deine Leidenschaft entfacht, dann ignorierst du das große Potenzial, mit dem Gott dich ausgestattet hat. Überlege deshalb: Was macht mir Freude? Was begeistert mich? Was bringt mich zum Lachen, in Schwung, was malt mir ein Lächeln aufs Gesicht? Wovon bin ich so richtig überzeugt? Und auch umgekehrt: Was macht mich wütend, bringt mich zum Weinen, lässt mich wirklich unzufrieden werden? All diese Gefühle können gute Hinweise auf deine Leidenschaften sein.

Wenn du das unterdrückst, was deine Leidenschaft entfacht, dann ignorierst du das große Potenzial, mit dem Gott dich ausgestattet hat.

Wenn man von etwas überzeugt ist, dann setzt man es beharrlich in die Tat um. Das, was Leidenschaft und Eifer in dir weckt, ist der Hinweis auf deine Bestimmung.

Gott sagte in 5. Mose 10,12 zu seinem Volk Israel: »Und nun, Israel? Was verlangt der Herr, dein Gott, von dir? Er verlangt von dir nur, dass du ihn achtest, dass du nach seinem Willen lebst, dass du ihn liebst und ihm mit ganzem Herzen und mit aller Kraft dienst.« Wenn nichts anderes – zumindest das sollte unsere Leidenschaft sein!

Ich möchte an dieser Stelle die Geschichte vom elfjährigen Sohn eines Pastors erzählen, der schon von klein auf voller Leidenschaft für verlorene Menschen war. Jeden Sonntagnachmittag gingen er und sein Vater nach dem Morgengottesdienst in die Stadt, um Traktate mit der frohen Botschaft von Jesus Christus zu verteilen und mit Menschen über den Glauben ins Gespräch zu kommen.

An jenem besonderen Sonntagnachmittag, als es wieder an der Zeit war, zu gehen, war es draußen sehr kalt und es regnete stark. Der Junge zog sich ganz fest und warm an, ging zu seinem Vater und sagte: »Okay, Papa, ich bin bereit!«

Der Pastor fragte ihn: »Bereit wofür?«

»Papa, es ist doch Zeit, dass wir in die Stadt gehen, um wie jeden Sonntag Menschen von Jesus zu erzählen.«

Der Vater antwortete: »Mein Sohn, es ist furchtbar kalt draußen und es schüttet entsetzlich. Lass uns heute hier bleiben. Nächsten Sonntag können wir wieder gehen.«

Der Sohn schaute den Vater sehr überrascht an und fragte: »Aber Papa, kommen die Leute nicht in die Hölle, wenn es regnet?«

Sein Vater erwiderte nur: »Mein Sohn, bei diesem schlechten Wetter gehe ich nicht hinaus.«

Verzweifelt bat der Sohn: »Papa, bitte, darf ich dann alleine gehen?«

Der Vater zögerte ein wenig, dann sagte er: »Na gut, du kannst gehen, aber bitte pass auf dich auf. Hier sind die Traktate.«

»Danke, Papa!« Und schon war er draußen im Regen.

Der Elfjährige ging mit schnellen Schritten in die Stadt, klopfte an Türen und gab den Menschen, die die Tür öffneten, ein Traktat mit der guten Nachricht. Nachdem er zwei Stunden im Regen herumgestapft und schon bis auf die Knochen durchnässt war und fror, hatte er nur noch ein Traktat übrig. Er blieb an einer Straßenecke stehen und wartete, ob noch eine Person käme, der er die Broschüre geben konnte, aber niemand tauchte auf. Daraufhin marschierte er zum ersten Haus auf der gegenüberliegenden Straßenseite, ging den Gartenweg entlang und läutete an der Haustür. Niemand antwortete. Noch mehrere Male klingelte er, aber niemand kam, um ihm die Tür zu öffnen.

Er wollte schon weggehen, aber etwas hielt ihn dort. So läutete er nochmals lange und klopfte anschließend ganz laut an die hölzerne Eingangstür. Als er eine ganze Weile gewartet hatte, öffnete sich die Tür langsam. Eine ältere, sehr traurig aussehende Frau schaute vorsichtig heraus. Sie fragte ganz sanft: »Mein Junge, was kann ich für dich tun?«

Mit leuchtenden Augen und einem freundlichen Lächeln, das die Welt dieser traurigen Frau erhellte, sagte der kleine Junge: »Liebe Frau, es tut mir leid, wenn ich Sie gestört habe, aber ich wollte Ihnen einfach sagen, dass Jesus Christus Sie wirklich liebt, und ich bin gekommen, um Ihnen dieses Traktat zu schenken. Darin können Sie alles über Jesus Christus und seine große Liebe für Sie nachlesen.« Er drückte ihr die Broschüre in die Hand und verließ das Haus.

Die Frau rief dem Jungen noch nach: »Danke, mein Junge, Gott segne dich!«

Am folgenden Sonntag im Gottesdienst fragte der Pastor, der Vater des Jungen: »Ist heute jemand hier, der ein Zeugnis zu erzählen hat?«

Langsam kam eine ältere Frau aus der hintersten Reihe nach vorne. Sie strahlte über das ganze Gesicht, als sie begann, ihre Geschichte zu erzählen:

»Niemand in dieser Kirche kennt mich. Ich war noch nie vorher in diesem Gotteshaus. Vor letztem Sonntag war ich auch kein Christ. Mein Ehemann ist vor einigen Monaten gestorben und seither bin ich ganz alleine auf dieser Welt. Am letzten Sonntag, der besonders kalt, nass und grau war, konnte mein Herz mit der Einsamkeit nicht mehr fertig werden und ich hatte keinen Willen mehr, so weiterzuleben. Deshalb habe ich mir ein Seil und einen Stuhl geholt und bin auf den Dachboden gegangen. Ich war so einsam und verzweifelt, mein Herz war völlig zerbrochen, ich wollte einfach nicht mehr weitermachen. Ich hatte den Strick schon um einen Dachbalken gebunden, stand auf dem Stuhl und war gerade dabei, das Seil um meinen Hals zu legen, da klingelte es an meiner Tür. Ich dachte mir: Ich warte ein bisschen, die Person, die geklingelt hat, wird sicher gleich wieder weggehen.

Doch das Klingeln an meiner Tür wurde immer fordernder und hörte nicht auf. Und dann hat diese Person auch noch angefangen, ganz fest an meine Tür zu klopfen. Meine Gedanken waren: Wer in aller Welt könnte das nur sein? Niemand läutet sonst an meiner Tür oder kommt mich besuchen.

Daraufhin habe ich das Seil von meinem Hals entfernt, bin hinunter zur Tür gegangen und habe sie langsam aufgemacht. Zu meiner großen Überraschung stand ein Junge vor mir, mit einem wunderbar strahlenden Gesicht wie ein Engel. Ich habe noch nie ein so freundliches Kind gesehen, ich wollte meinen Augen nicht trauen.

Die Worte, die der Junge zu mir sprach, brachten mein Herz mit einem Mal zurück ins Leben, denn er sagte mit einer Engelsstimme: ›Liebe Frau, ich bin nur gekommen, um Ihnen zu sagen, dass Jesus Christus Sie wirklich liebt!‹ Dann gab er mir das Traktat, das ich jetzt in meinen Händen halte.

Als der kleine Engel wieder im kalten Wind und Regen verschwunden war, habe ich meine Tür wieder geschlossen und langsam jedes Wort in der Broschüre gelesen. Dann bin ich auf meinen Dachboden gestiegen, um den Stuhl und das Seil wieder herunterzuholen. Das brauchte ich jetzt nicht mehr.

Liebe Gemeinde, seht, ich bin jetzt ein fröhliches Kind des Königs. Auf der Rückseite des Traktates stand die Adresse dieser Kirche, und deshalb bin ich heute persönlich gekommen, um dieser Gemeinde und dem jungen Engel, der genau im richtigen Augenblick zu mir gekommen ist, von Herzen zu danken. Meine Seele wurde dadurch vor der ewigen Verdammnis gerettet.«

Es gab an diesem Morgen kein trockenes Auge in der Gemeinde. Als die Menschen anfingen, Gott zu danken und zu loben, ging der Pastor zu seinem kleinen Engel, der in der ersten Reihe saß, umarmte ihn und weinte von ganzem Herzen. Er war unglaublich glücklich, dass sein Sohn sich nicht von Kälte, Wind und Regen hatte abhalten lassen und seiner Leidenschaft für verlorene Menschen nachgegangen war.

Auch der Vater im Himmel erlaubte seinem Sohn, in diese kalte, dunkle und unfreundliche Welt zu kommen. Nach seiner Zeit hier auf Erden hat er seinen Sohn mit großem Jubel und allen Ehrungen im Himmel wieder aufgenommen und hat ihm alle Vollmacht und Autorität im Himmel und auf Erden übertragen.

Edison, der Erfinder der Glühbirne, hat Hunderte von Versuchen gebraucht, bis es ihm endlich gelang, einen Glühfaden zum Glühen zu bringen. Was war sein Erfolgsrezept? Er hat nicht aufgegeben. Als er zwischenzeitlich glaubte, endlich einen Durchbruch erreicht zu haben, brannte seine Fabrik ab. (Übrigens soll er, als das Feuer gerade am wildesten tobte, gerufen haben: »Wo ist meine Frau? Holt sie, denn so ein Feuer sieht sie nie wieder.«) Als nur noch die Grundmauern standen, wandte er sich an seine Mitarbeiter und fragte sie: »So, und wer fängt jetzt mit mir wieder von vorne an?«

Ein halber oder lauwarmer Christ ist ein ganzer Mist!

Das ist Leidenschaft, die Gott verwenden kann. Ohne Leidenschaft ist der Mensch nur eine latente Kraft, wie ein Feuerstein, der auf den Schlag des Eisens wartet, um seine Funken zu versprühen. Erlaube der Leidenschaft in dir, Feuer zu fangen und dich deiner Berufung entgegenzuführen. Denn ein halber oder lauwarmer Christ ist ein ganzer Mist! (Kann man halb schwanger sein? Kann man halb verheiratet sein?)

Einer der herrlichsten Aspekte Gottes ist seine Schöpfungskraft. Deshalb haben wir alle andere Leidenschaften, begeistern uns für unterschiedliche Dinge. Das ist gut! Doch Kreativität braucht Freiheit. Sehen wir diese Kreativität in unserem Leben, in unserer Anbetung? Echte Anbetung braucht Freiheit, sie darf Ausdruck unserer Individualität sein. Wir sind verschieden! Es ist unsere Tendenz, alle gleichmachen zu wollen. Das verstehen wir dann als menschliche Harmonie. Gottes Ordnung ist jedoch Harmonie in der Verschiedenheit, und das braucht Freiheit.

Denken wir an ein Orchester mit vielen verschiedenen Instrumenten. Alle sehen anders aus, werden anders gespielt und hören sich anders an, aber durch ihre Verbundenheit und ihre Ausrichtung auf den Dirigenten werden sie eine herrliche Harmonie, ein wunderbares Ganzes. Wir alle haben andere Leidenschaften, denen wir in Freiheit und Kreativität nachgehen sollen. Und dann dürfen wir uns überraschen lassen und staunen, was der Herr daraus macht.

Und manchmal begeistern wir uns für Dinge, doch es scheint alles anders zu kommen ...

Der Traum der zwei Bäume

Auf einer Wiese standen zwei Bäume. Jeder konnte sich für etwas anderes besonders begeistern: Der erste Baum liebte den Abendhimmel mit den vielen, vielen Sternen, weil sie wie kostbare Edelsteine funkelten. Darum wünschte er sich, dass aus seinem Holz einmal eine Schatzkiste gemacht würde, wenn er gefällt würde. In ihr sollte dann der wertvollste Schatz der ganzen Welt liegen.

Der zweite Baum sah gern auf die Sonne mit ihren hellen, warmen Strahlen. Er streckte ihr seine Äste und Zweige entgegen. Darum hatte dieser Baum nur einen Wunschtraum: Er wollte für immer an seinem Platz stehen bleiben. Seine Äste und Zweige wollte er der Sonne immer weiter und weiter entgegenstrecken. Er wünschte sich, dass aus ihm der größte Baum der Welt würde. Die Menschen sollten staunen, wenn sie ihn anschauten. An seinem Stamm hinauf sollten sie bis in den Himmel hinaufblicken. Dann würden sie die Sonne sehen und an Gott denken, der die ganze Welt liebt.

Aus dem Holz des ersten Baumes wurde jedoch keine Schatzkiste, sondern eine Futterkrippe. In einem Stall stand sie, wo Ochs und Esel daraus fraßen. Doch eines Nachts legten Maria und Josef das neugeborene Jesuskind in diese Krippe. Sie sagten zu ihrem Baby: »Du, Jesus, bist unser Schatz, du bist unser Augenstern und wir lieben dich von ganzem Herzen!« So ging der Traum des ersten Baumes doch in Erfüllung. Denn der wertvollste Schatz der ganzen Welt lag in der Futterkrippe. Es war Gottes Sohn, der kleine Jesus!

Und was wurde aus dem Traum des zweiten Baumes? Der zweite Baum wollte ja eigentlich für immer an seinem Platz stehen bleiben und zum größten Baum der Welt werden. Die Menschen sollten an Gott denken, wenn sie ihn anschauten. Doch er wurde gefällt und aus seinem Holz wurden schwere Balken gesägt. Lange lagen sie auf einem Haufen in der Ecke. Doch an einem Freitagmorgen wurden sie schließlich gebraucht: Menschen kamen und zimmerten daraus ein Kreuz. Jesus, der Sohn Gottes, trug es. Er wurde ans Kreuz geschlagen und starb daran. Doch er stand am Ostermorgen von den Toten auf.

So hat sich auch der Traum des zweiten Baumes erfüllt. Zwar wurde er nicht zum größten Baum der Welt, aber aus seinem Holz wurde das größte Zeichen der Welt: das Kreuzzeichen. Es erinnert uns an Jesus und an das, was er gesagt und getan hat. Jesus hat uns gezeigt, wie sehr uns Gott liebt. Am Kreuz können wir direkt hinauf in den Himmel blicken.

Gott sucht Menschen, die mit Leidenschaft den Weg suchen, den Gott für sie hat, und ihn dann auch mit Leidenschaft gehen – selbst wenn er zuerst anders aussieht, als sie sich vorgestellt haben. Manche unserer Leidenschaften muss Gott auch erst heiligen, bevor er sie gebrauchen kann. Und das Wichtigste ist und bleibt: »Ihr sollt den Herrn, euren Gott, von ganzem Herzen, von ganzer Seele und mit eurer ganzen Kraft lieben« (5. Mose 6,5).

> *Gott sucht Menschen, die mit Leidenschaft den Weg suchen, den Gott für sie hat, und ihn dann auch mit Leidenschaft gehen.*

3. Gib großzügig und freudig

So viele Menschen, auch Christen, leben nach dem Motto »Ich, mich, meiner, mir, Herr, segne doch uns vier!« Alles muss mich glücklich machen, mir dienen, mich befriedigen, meine Sehnsüchte und Wünsche erfüllen ... Andere wiederum denken oft: »Wenn ich nur dies oder das hätte, dann könnte ich das tun, was Gott mir aufgetragen hat.« »Wenn es anders wäre, als es ist, dann könnte ich dem Herrn Jesus dienen.« Weder das eine noch das andere ist Reich-Gottes-Denken. Die Bibel sagt uns, dass wir großzügig und gerne geben und nicht uns selbst ins Zentrum stellen sollen. Wir sollen reichlich säen und uns dann überraschen lassen, was wir ernten:

Ein Bauer, der nur wenig Samen aussät, wird auch nur eine kleine Ernte einbringen. Wer aber viel sät, wird auch viel ernten. Jeder von euch muss selbst entscheiden, wie viel er geben möchte. Gebt jedoch nicht widerwillig oder unter Zwang, denn Gott liebt den Menschen, der gerne gibt. Er wird euch großzügig mit allem versorgen, was ihr braucht. Ihr werdet haben, was ihr braucht, und ihr werdet sogar noch etwas übrig behalten, das ihr mit anderen teilen könnt.

2. Korinther 9,6-8

Wer großzügig gibt, wird dabei immer reicher; wer aber sparsamer ist, als er sein sollte, wird immer ärmer dabei. Dem Großzügigen geht es gut und er ist zufrieden; wer anderen hilft, dem wird selbst geholfen werden.

Sprüche 11,24-25

Wenn ihr gebt, werdet ihr erhalten. Was ihr verschenkt, wird zusammen- gepresst und gerüttelt, in einem vollen, ja überreichlichen Maß zu euch zurückfließen. Nach dem Maß, mit dem ihr gebt, werdet ihr zurück- bekommen.

Lukas 6,38

Öffne dem Hungrigen dein Herz und hilf dem, der in Not ist. Dann wird dein Licht in der Dunkelheit aufleuchten und das, was dein Leben dun- kel macht, wird hell wie der Mittag sein.

Jesaja 58,10

Wahre Größe zeigt sich darin, dass man in kleinen Dingen groß- artig und großzügig ist. Jeder von uns hat Saatgut, und damit ist nicht nur Materielles gemeint. Du hast Gaben und Talente, du hast gute Worte, mit denen du andere ermutigen kannst, und du hast Zeit. Fang einfach mit dem an, was du hast.

Niemand kann glücklich werden, wenn er nicht gelernt hat, das zu gebrauchen und für Gott einzusetzen, was er bekommen hat. Mach dir keine Sorgen über das, was du nicht hast! Noch nie hat jemand Erfolg gehabt, der immer gewartet hat, bis alle Bedingun- gen »absolut günstig« waren.

Fang dort an, wo du bist, und fang mit dem an, was du hast, und werde ein freudiger und großzügiger Geber. Wenn du zu weben beginnst, wird Gott dir täglich den nötigen Faden dazugeben! Es ist nicht schwer, du wirst es sehen!

Im Epheser 2,10 sagt uns der Herr, dass er für jeden Tag schon all die guten Werke vorbereitet hat, in denen wir wandeln können: »Denn wir sind Gottes Schöpfung. Er hat uns in Christus Jesus neu geschaffen, damit wir zu guten Taten fähig sind, wie er es für unser Leben schon immer vorgesehen hat.« Wir müssen uns gar nichts einfallen lassen. Wenn wir morgens aufwachen, dann können wir beten, dass der Herr uns die Augen des Herzens öffnet, damit wir die guten Werke erkennen, die er für uns vorbereitet hat, und sie dann auch tun. Wir müssen auch nicht alles gleich verstehen, bevor wir es tun. Wir sollen einfach gehorchen.

Ich habe von einem Mann gehört, der am späten Abend mit seinem Auto von einem öffentlichen Parkplatz fahren wollte, jedoch plötzlich die Stimme Gottes vernahm: »Geh in die Telefonzelle am Parkplatz, dort findest du einen Mann. Zünde ein Streichholz an und sag ihm einfach: ›Das Licht bricht die Dunkelheit!‹«

Er war gehorsam und tat, was er gehört hatte, auch wenn es ihm einigermaßen rätselhaft vorkam. Als er seine Botschaft überbracht hatte und sich umdrehen wollte, um wieder zu seinem Auto zu gehen, rannte ihm der Mann nach und fragte:

»Wieso haben Sie das zu mir gesagt?«

Er erzählte ihm, dass er von Gott diese Anweisung bekommen und gehorcht habe, ohne den Grund zu kennen.

Da begann der andere Mann zu weinen und erzählte ihm, dass er sich in dieser Nacht das Leben hatte nehmen wollen. Das Wort vom Licht hatte jedoch sein Herz wie ein Pfeil getroffen. Nun wusste er, dass er es nicht tun sollte.

Gott sei Dank für den Gehorsam dieses Mannes!

Es gibt ein Prinzip von Saat und Ernte, und zwar säen und ernten wir unser ganzes Leben lang, oft ohne uns dessen bewusst zu sein. Wenn wir gute Samen säen, dürfen wir eine gute Ernte erwarten. Doch wenn wir schlechte Samen säen, ist die Folge eine schlechte Ernte. Dieses Prinzip von Saat und Ernte ist wirksam, unabhängig davon, ob wir es glauben oder nicht, wissen oder nicht, mögen oder nicht.

Denn was ein Mensch sät, wird er auch ernten. Wer nur nach seinen sündigen Neigungen lebt, wird sich damit selbst zu Grunde richten und schließlich den Tod ernten. Aber wer lebt, um dem Geist zu gefallen, wird vom Geist das ewige Leben erhalten.

GALATER 6,7B-8

Da zwischen Saat und Ernte meist viele Jahre oder sogar Jahrzehnte liegen, erkennen wir oft nicht, dass unsere Ausstrahlung, unser Verhalten, unser Reden oder anderes die Ernte von dem ist, was früher – von uns selbst, von unserem Umfeld (Eltern, Autoritätspersonen, Ehepartnern etc.) oder sogar von unseren Vorfahren – gesät worden ist. Ich selbst habe das erlebt – wie schlechte Saat in meinem Leben viel später aufging und mich zunächst daran hinderte, in meiner Bestimmung zu wandeln:

Mein Vater war ein sehr entschlossener Mann. Seine Familie in Sicherheit zu wissen, war ihm das Allerwichtigste. Er war sehr fleißig und arbeitete bei einer Versicherung, wo er sich stetig hinaufarbeitete. Dabei gab er sein Bestes, um meiner Mutter und seinen Kindern ein gutes Zuhause zu geben. Doch da wir, wie andere Menschen zu dieser Zeit, sehr arm waren, waren seine Möglichkeiten äußerst begrenzt. Sein Traum war ein eigenes Haus irgendwo in Waldnähe. Er war sehr mit der Natur verbunden und wollte auch uns Kindern die Augen für die Schönheit der Schöpfung Gottes öffnen.

Als ich etwa 15 Jahre alt war, kaufte mein Vater schließlich ein Grundstück neben einem Wald, auf dem die Bäume zwar bereits gefällt waren, doch für die Familie blieb die harte und anstrengende Rodungsarbeit, da wir uns keine Arbeiter leisten konnten. Nach einiger Zeit war dort ein einfaches Wochenend-Fertighaus entstanden. Es war ca. 15 km von Innsbruck entfernt und jedes

Wochenende fuhr die gesamte Familie auf Fahrrädern dorthin, bepackt wie Zigeuner.

Bald war das Haus für meinen Vater zu klein. So wurde hinten und an der Seite angebaut und schließlich noch unterkellert. Das nahm einige Jahre in Anspruch. Natürlich waren wir Kinder die Handlanger und mussten stets mithelfen, besonders mein Bruder und ich. Wir mussten Steine tragen, Wasser vom weit entfernten Brunnen holen und vieles mehr. Zwar durften wir unsere Freunde herzlich gerne zum Helfen mitbringen, doch obwohl meine Mutter eine sehr gute Köchin war, kamen sie meist nur einmal, denn auf die viele Arbeit hatten sie keine Lust.

Als das Wochenendhaus nun endlich den Vorstellungen meines Vaters entsprach, verkündigte er der Familie, dass wir jetzt ein ordentliches Haus um dieses Wochenendhaus bauen würden. Bei diesem Unterfangen bekam ich die Daueraufgabe, die Betonmischmaschine zu bedienen. Nach den großen Ferien hatte ich daher Schwielen an den Händen wie ein Schwerarbeiter. Wir konnten uns nur einen Maurer leisten, den Rest musste die Familie machen.

Man kann sich vorstellen, dass für heranwachsende Teenager so ein Wochenend- und Ferienvorhaben nicht gerade die schönste Freizeitbeschäftigung ist. Wir Kinder haben uns deshalb alle geschworen, nie, wirklich niemals ein eigenes Haus zu bauen. Lieber wollten wir in einem Zelt schlafen.

Letztendlich wurde es ein sehr schönes Haus und wir durften viele Familienfeste darin feiern. Noch heute sind wir sehr dankbar dafür. Und rückblickend erkenne ich, dass diese Wochenend- und Ferienbeschäftigung eine weise Taktik war, uns Kinder vom Weggehen am Wochenende abzuhalten, denn wir fielen jeden Samstagabend todmüde ins Bett. Wenn wir einmal ein Wochenende nicht bauten, eroberte Papa mit uns steile Berggipfel in Tirol, die unsere Kraft genauso forderten.

Als ich dann viele Jahre später in den USA wohnte, hatte ich nach einiger Zeit die Chance, ein kleines Grundstück zu einem günstigen Preis zu kaufen. Doch ein anderer Interessent schnappte es mir einen Tag vor dem Kauftermin weg. Eine Weile später bot sich mir erneut die Gelegenheit, ein Grundstück mit einem kleinen Häuschen zu einem erschwinglichen Preis zu erwerben. Doch da machte die Bank nicht mit. Es war auffallend, dass auf allem Erwerb von Immobilien kein Segen lag.

Als ich dann Gott fragte, weshalb das so war, antwortete er nur: »Du hast deinen Vater auf diesem Gebiet verachtet und verurteilt.« Mir fiel es wie Schuppen von den Augen, denn das 4. Gebot heißt: »Ehre Vater und Mutter, auf dass es dir wohl ergehe auf Erden und du lange lebst.« Bei meinem nächsten Besuch in Europa bat ich deshalb meinen Vater um Vergebung dafür, dass ich ihn verachtet und verurteilt hatte, weil er uns, meiner Ansicht nach, die Jugend verbaut hatte – im wahrsten Sinne des Wortes. Er vergab mir und ich war sehr erleichtert. Ich brachte auch den Samen der Bitterkeit vor Gott, den ich diesbezüglich in meinem Herzen gehegt hatte. Erst, als diese schlechte Saat entfernt war, konnte Gottes gute Saat aufgehen.

Als ich nach Europa zurückkam, lernte ich meinen Mann Herbert kennen, der mir schließlich ein Haus in Imst kaufte. Ich war völlig überwältigt und freute mich, ein eigenes Haus zu haben. Im Lobpreis kam es dann vor, dass ich plötzlich sah, welche Veränderungen und Zubauten wir an diesem Haus vollziehen sollten. Zuerst verdrängte ich diese Gedanken und bat den Herrn um Vergebung, dass mir das Haus so wichtig geworden war, dass es sich schon in meinen Lobpreis schlich. Doch dann vernahm ich in meinem Herzen eine leise Stimme: »Maria, das bin ich. Ich gebe dir Anweisungen – horche und gehorche.«

Das war für mich ganz neu, dass der Herr selbst in so praktischen Dingen des Alltags wie einem Hausumbau das Sagen haben möchte. Ich entschied mich zu gehorchen und alles klappte stets wunderbar, einschließlich der Finanzierung.

Als der Herr mich dann 1999 mit 60 Jahren nach Uganda berief – mein geliebter Herbert war 1992 von Gott in die ewige Heimat abberufen worden –, waren viele Bausteine in meinem Grundvertrauen im Herrn schon gelegt. Zuerst durfte ich ein Haus erwerben, das uns erlaubte, unser Werk »Vision für Afrika« administrativ zu beginnen. Dann schenkte uns der Herr 85 Hektar wunderschönes Buschland im Bezirk Mukono, ca. 45 km von Kampala, der Hauptstadt Ugandas, entfernt. Wir sollten es bebauen und fruchtbar machen. Ich hatte den Eindruck, dass die Eroberung dieses wilden Busches Arbeit bis zum Ende meines Lebens bedeuten würde. Aber ich konnte nicht mehr zurück – die Papiere waren bereits unterschrieben.

Der Herr zeigte mir dann Schritt für Schritt, wie wir das Land, das ein Katastrophengebiet war, durch viel Gebet und harte Arbeit von unseren wunderbaren Mitarbeitern für den Herrn zu einem Herrlichkeitsland (»Glory Land«) machen konnten. Er hat mir in Visionen und Träumen jedes neue Gebäude mit seiner entsprechenden Funktion gezeigt, das wir bauen sollten, also z.B. Kinderhäuser (wir nennen sie nicht Waisenhäuser) nach dem Muster der SOS-Kinderdörfer, Schulen, Krankenhäuser etc. Meine Baumeister meinten immer scherzhaft, wenn ich wieder mit einem laienhaften Entwurf von einem Haus kam: »Mama, hast du wieder Audienz gehabt?!«

Inzwischen haben wir über 100 Gebäude gebaut: unter anderem sechs Kindergärten, vier Volksschulen, eine Berufsschule mit vielen Sparten, elf Waisenhäuser, ein großes Hotel mit Schwimmbad, zwei kleinere Krankenhäuser, eine Bibelschule, viele Wohnungen für Mitarbeiter sowie einen großen landwirtschaftlichen Betrieb. Jedes Bauwerk wurde vom Herrn und durch den Gehorsam von großzügigen Spendern vollendet. Denn wenn der Herr der Auftraggeber ist, dann können wir sicher sein, dass er alles bezahlt. Das war bisher meine tägliche Erfahrung.

Wir sind dankbar, dass wir bei den Bauarbeiten keine Unfälle verzeichnen mussten, und wir sind sicher, dass die Rohbauten von Engeln regelrecht umschwärmt wurden. Und ich bin auch dankbar, dass keines der Häuser unser Besitz ist, sondern einzig und alleine dem Herrn gehört – wir sind nur die Verwalter. Denn wenn man etwas besitzt, dann steht man in der Gefahr, davon besessen zu werden.

Ich kann nur bestätigen, dass der Herr zu seinem Wort in Matthäus 19,29 steht: »Und jeder, der um meines Namens willen sein Haus, seine Geschwister, seine Eltern, seine Kinder oder seinen Besitz aufgegeben hat, wird hundertmal so viel wiederbekommen und das ewige Leben erlangen.«

So viel also zum Prinzip von Saat und Ernte. Doch wie säen wir gute Samen? Es gibt viele verschiedene Möglichkeiten, hier sind nur einige davon:

- durch unsere ganze Hingabe an Gott, an seine Berufung, an Geschwister
- indem wir dem Herrn gehorchen, danken, ihn loben und ihm alles geben
- indem wir unser ganzes Vertrauen auf Jesus setzen
- wenn wir mit den Verheißungen Gottes in unserem Herzen und in unserem Mund leben
- mit dem Zehnten und mit Opfergaben
- wenn wir Israel segnen
- wenn wir den Armen geben
- durch Fürbitte
- durch aufbauendes, positives, glaubensvolles Denken und Sprechen
- durch Dankbarkeit, Bestätigung, Lob, Liebe, Freude und Lachen in der Familie
- durch Zuverlässigkeit, Ehrlichkeit, Großzügigkeit
- indem wir in echte Freundschaften investieren
- wenn wir vergeben und Zeichen von Liebe setzen
- wenn wir Wort halten und zuverlässig sind
- ...

Und wie säen wir schlechte Samen?

- durch negative Worte, Gedanken, Taten
- wenn wir im Widerspruch zu Gottes Wort denken, sprechen und handeln

- wenn wir murren, knurren, jammern, schimpfen, nörgeln, kritisieren
- wenn wir andere richten (häufig haben wir selbst das Problem, über das wir uns erheben; Römer 2,1)
- durch Unzuverlässigkeit, Untreue, Rebellion, Lügen, Stehlen, Unzufriedenheit, Unvergebenheit, Nachtragen, Kritik
- ...

Oft wollen wir die schlechte Saat in unserem Leben nicht wahrhaben. Wir können nicht akzeptieren, dass wir in der Vergangenheit Dinge getan oder erlebt haben, die heute Auswirkungen haben. Wir verstecken dann das Schlechte und versuchen, besonders gut und tüchtig zu sein. Die Erwartung, die dahintersteht, ist: Wenn die Menschen sehen, wie gut ich bin, werden sie mich sicher annehmen.

Man kann auch mit Bitterkeit und inneren Vorwürfen (vor allem anderen gegenüber) reagieren. Oder man beginnt, zu rebellieren. Dann strahlt man aus: Ich brauche niemanden, ich lasse mir auch nichts sagen, ich weiß am besten, wie ich mein Leben gestalte. Ähnlich verhält es sich, wenn man sich in seine eigene Welt zurückzieht, man stürzt sich dann zum Beispiel in seine Arbeit, in ein Hobby, taucht in Buchwelten ab oder Ähnliches. Man zeigt anderen nicht mehr, wie es in einem aussieht. Auch Süchte (Alkohol, Süßigkeiten, Pornografie, Computer etc.) sind eine Reaktion auf die schlechte Saat in unserem Leben.

Doch wie finden wir einen Ausweg? Was ist die Lösung? Müssen wir mit der schlechten Saat leben, wenn sie einmal gesät ist? Sind wir automatisch gezwungen, eine schlechte Ernte einzufahren? Nein, zum Glück nicht! Jesus kann es auch mit unserer schlechten Saat aufnehmen, er ist für sie gestorben. Wichtig ist allerdings, dass du mit einem neuen Lebensstil beginnst. Hier sind fünf Punkte, wie du dich von deiner schlechten Saat trennen kannst:

1. Steh zur Wahrheit

Erkenne die schlechte Saat, die bittere Wurzel, die Anklage oder die Festlegung in dir (zum Beispiel Empfindlichkeit, eine kritische, misstrauische Haltung, negatives Reden, ein negatives Männer- oder Frauenbild ...). Bitte den Heiligen Geist, dass er jede negative Saat in deinem Herzen aufdeckt.

2. Vergib und bitte um Vergebung

Vergib denen, die Anlass waren, dass die schlechte Saat in dir gesät wurde. Bitte um Vergebung, wo du aufgrund des Verhaltens anderer negativ reagiert hast und somit die schlechte Saat vermehrt oder mit Bitterkeit auf die Schuld anderer reagiert hast.

Achtet aufeinander, damit niemand die Gnade Gottes versäumt. Seht zu, dass keine bittere Wurzel unter euch Fuß fassen kann, denn sonst wird sie euch zur Last werden und viele durch ihr Gift verderben.

HEBRÄER 12,15

Bitte um Vergebung für die eigene Schuld und dafür, wo du selbst eine schlechte Saat gesät hast, zum Beispiel indem du gerichtet hast.

Aber du bist ja genauso wie sie und hast dafür keine Entschuldigung! Wenn du sagst, dass sie bestraft werden sollen, dann verurteilst du dich damit selbst, weil du genau dasselbe tust, wenn du über sie richtest.

RÖMER 2,1

3. Bring alles zu Jesus, gib es in den Tod am Kreuz

Bitte Jesus, jede schlechte Saat aus deinem Herzen auszureißen, bring alle negativen Haltungen (Streitsucht, Neid, negatives Reden, Verhärtung) zum Kreuz. Er nimmt die negative Ernte auf sich, die Strafe liegt auf ihm. Bitte ihn, dass er jede einzelne negative Haltung sterben lässt. Sag dich los von Lügen und falschen Lebenssätzen wie zum Beispiel »Ich bin nichts wert, ich werde es nie zu etwas bringen.«

Deshalb orientiert euch nicht am Verhalten und an den Gewohnheiten dieser Welt, sondern lasst euch von Gott durch Veränderung eurer Denkweise in neue Menschen verwandeln. Dann werdet ihr wissen, was Gott von euch will: Es ist das, was gut ist und ihn freut und seinem Willen vollkommen entspricht.

RÖMER 12,2

Mit diesen Waffen zerschlagen wir all die hochtrabenden Argumente, die die Menschen davon abhalten, Gott zu erkennen. Mit diesen Waffen bezwingen wir ihre widerstrebenden Gedanken und lehren sie, Christus zu gehorchen.

2. KORINTHER 10,5

4. Bitte um ein reines Herz

Bitte Jesus um ein reines Herz und darum, dass er es ganz neu mit seinem Heiligen Geist erfüllt, damit neue Impulse davon ausgehen. Er soll in deinem Herzen wohnen und dort auch wirklich regieren.

Und ich werde euch ein neues Herz geben und euch einen neuen Geist schenken. Ich werde das Herz aus Stein aus eurem Körper nehmen und euch ein Herz aus Fleisch geben.

HESEKIEL 36,26

5. Beginne mit einem neuen Lebensstil

Ein neuer Lebensstil kann viele Bereiche umfassen und ich möchte im Folgenden einige Anregungen geben. Du kannst natürlich nicht alles auf einmal umsetzen und in dein Leben integrieren, aber versuche nach und nach, dir diese Dinge anzugewöhnen. Manches ist vielleicht auch schon selbstverständlich für dich, anderes ist noch Land, das bei dir brach liegt. Lass dich vom Heiligen Geist führen, und vor allem: Tu es aus seiner Kraft!

- Sei jemand, der alle negativen Gefühle und Erfahrungen, allen Ärger und Frust schnell zum Kreuz bringt, um sie dort in den Tod zu geben. Hol dir dort direkt den guten Samen der Liebe, der Freundlichkeit und der Annahme ab und säe ihn aus.
- Sei immer und schnell bereit, um Vergebung zu bitten und selbst zu vergeben.
- Bete häufig in Sprachen.
- Lerne, sowohl zu geben als auch zu empfangen. Beides ist wichtig für ein ausgewogenes Leben! Lerne vor allem auch, Geschenke von Gott zu empfangen, damit deine Herzensveränderung wirklich geschehen kann.
- Sprich Gutes aus, auch über den schlechten Dingen. Wenn du Ermutigung brauchst, wende dich an Gott, und lass dir von ihm Positives zusprechen. Stehe fest auf Gottes Verheißungen und lass sie dir nicht rauben.

  (Dazu fällt mir eine kleine Anekdote ein: Es war einmal eine Frau in einer Gemeinde, die immer nur Positives sah, sprach und tat. Einigen Gemeindemitgliedern ging sie damit auf den Wecker und sie wollten ihr eine Falle stellen. Deshalb fragten sie sie, was sie denn vom Teufel hielte. Sie sann eine Weile darüber nach, stotterte dann ein wenig herum und antwortete schließlich: »Na ja, ihr müsst zugeben: Fleißig ist er!«)
- Säe gute Samen, zum Beispiel Lob und Dank und Ermutigung.
- Fang an, dich so zu sehen, wie Gott dich sieht.

- Da, wo früher eine bittere Saat, falsche Haltungen und Ablehnung im Herzen wohnten, wohnt jetzt Jesus Christus. Lass dich immer mehr von seiner Liebe und von seiner Annahme erfüllen. Lass seine göttliche Ausstrahlung durch dich hindurchscheinen!
- Lass Jesus nicht nur deinen Retter und Erlöser, sondern auch den absoluten Herrn in deinem Leben sein. Vertraue dich ihm ganz neu an, höre ihm zu, sitze wie Maria zu seinen Füßen und begegne ihm. Schaue nur auf ihn und nicht auf die bisherigen Umstände und dein Versagen. Lass ihn den Mittelpunkt in deinem Leben und in deinen Gebeten sein, nicht deine Wünsche und deine Bedürfnisse. Halte eine enge Verbindung zu ihm. Bitte den Heiligen Geist, in dir eine tiefe Liebe und Begeisterung für Jesus zu entzünden, damit die alte, schlechte Saat und der Einfluss der Welt nicht wieder die Oberhand gewinnen. Achte darauf, dass nichts deine Liebe und deine Herzensbeziehung zu ihm einschränken kann, auch nicht eigentlich gute Dinge wie zum Beispiel Bibellesen, Fasten, Lobpreis, Dienst.

Jesus, der gute Hirte, führt uns auf eine wunderbare Wiese, wo uns nichts mangelt, an einen gedeckten Tisch im Angesicht unserer Feinde; er gießt seine Salbung auf unser Leben und Gutes folgt uns und geht uns voran – unser Leben lang!

Vor Kurzem habe ich eine Geschichte gehört, die sehr eindrücklich deutlich macht, wie eine gute Saat im Leben viele Jahre später aufgehen kann:

»Guten Morgen!«, sagte eine Frau, als sie auf einen Mann zuging, der auf dem Boden saß.

Der Mann schaute langsam nach oben.

Die Frau war eindeutig an die besseren Dinge des Lebens gewöhnt. Ihr Mantel war neu und sehr schick. Sie sah aus, als hätte sie niemals in ihrem Leben hungern müssen.

Sein erster Gedanke war, dass sie sich über ihn lustig machen wollte, wie es so viele vor ihr getan hatten. »Lassen Sie mich in Ruhe!«, knurrte er deshalb.

Zu seiner Verwunderung blieb sie weiter stehen. Sie lächelte sogar – dabei kamen ihre gleichmäßigen, weißen Zähne zum Vorschein. »Haben Sie Hunger?«, fragte sie.

»Nein«, antwortete er sarkastisch. »Ich habe gerade mit dem Präsidenten zu Abend gegessen. Nun gehen Sie!«

Die Frau lächelte noch breiter. Plötzlich fühlte der Mann eine zarte Berührung an seinem Arm.

»Was machen Sie da?«, fragte der Mann ärgerlich. »Ich sagte Ihnen doch, Sie sollen mich in Ruhe lassen!«

Gerade in diesem Moment kam ein Polizist vorbei. »Gibt es ein Problem?«, fragte er.

»Nein, kein Problem«, antwortete die Frau, »ich versuche nur, diesem Mann auf die Füße zu helfen. Ob Sie mir dabei helfen könnten?«

Der Beamte kratzte sich am Kopf. »Das ist der alte Jack. Er gehört hier seit Jahren zum lebenden Inventar. Was wollen Sie von ihm?«

»Sehen Sie das Café da drüben?«, fragte sie, »ich möchte ihm dort etwas zu essen kaufen und ihn für eine Weile aus der Kälte holen.«

»Sind Sie verrückt?«, widersetzte sich der Obdachlose. »Ich möchte dort nicht hin!« Dann spürte er, wie starke Hände ihn an den Armen nach oben zogen. »Lassen Sie mich los, ich habe nichts getan!«

»Jack, das ist ein nettes Angebot für dich«, antwortete der Beamte, »verbau dir das nicht!«

Schließlich, mit einigen Schwierigkeiten, brachten die Frau und der Polizist Jack in das Café und setzten ihn an einen Tisch in einer entlegenen Ecke. Es war am späten Vormittag, kaum jemand frühstückte noch und das Mittagsbuffet war noch nicht aufgebaut.

Der Manager kam an den Tisch. »Was ist hier los?«, fragte er. »Macht dieser Mann Schwierigkeiten?«

»Diese Dame brachte den Mann hierher zum Essen«, antwortete der Polizist.

»Nicht hier!«, erwiderte der Manager ärgerlich. »Das ist schlecht fürs Geschäft!«

Der alte Jack zeigte sein zahnloses Grinsen. »Sehen Sie, was habe ich gesagt, nun lassen Sie mich gehen. Ich wollte hier sowieso nicht hin!«

Die Frau drehte sich zum Manager des Cafés um und lächelte: »Sagen Sie, kennen Sie ›Eddy & Company‹, die Firma unten an der Straße?«

»Ja, natürlich«, antwortete der Manager ungeduldig. »Die mieten hier jede Woche Räumlichkeiten für ihre Besprechungen.«

»Und, machen Sie viel Profit durch die Essensbestellungen bei diesen Treffen?«

»Was geht Sie das an?«

»Ich bin Penelope Eddy, Präsidentin und Vorstandsvorsitzende dieser Firma.«

»Oh!«

Die Frau lächelte wieder. »Ich dachte, das könnte Ihre Meinung vielleicht ändern.« Sie sah den Polizisten kurz an, der ein Kichern unterdrückte. »Darf ich auch Sie zu einer Tasse Kaffee und zum Essen einladen?«

»Nein, danke, ich bin im Dienst«, erwiderte der Beamte.

»Aber wenigstens auf eine Tasse Kaffee?«

»Na gut, das wäre sehr nett.«

Der Manager des Cafés machte kehrt: »Ich bringe Ihnen Ihren Kaffee sofort.«

Der Beamte beobachtete, wie er sich entfernte. »Den haben Sie aber zurechtgewiesen!«

»Das war nicht meine Absicht. Glauben Sie es oder nicht, ich habe einen Grund für all das.« Damit setzte sie sich an den Tisch gegenüber ihres verwunderten Gastes. Sie sah ihn durchdringend an: »Jack, können Sie sich an mich erinnern?«

Der alte Jack musterte ihr Gesicht mit seinen alten, verkrusteten Augen. »Ich denke schon – Sie kommen mir tatsächlich bekannt vor.«

»Ich bin nun ein bisschen älter«, sagte sie. »Damals, als Sie hier arbeiteten, kam ich genau durch diese Tür dort, mir war kalt und ich hatte Hunger. Ich hatte gerade das College beendet«, begann die Frau zu erzählen. »Ich kam in die Stadt, um eine Arbeit zu finden, aber ich bekam keine Stelle. Schließlich hatte ich nur noch 5 Cent in der Geldbörse und man hatte mir meine Wohnung gekündigt. Ich lief schon seit Tagen durch die Straßen. Es war Februar, mir war kalt und ich war am Verhungern. Ich sah dieses Café und ging hinein, in der Hoffnung, hier etwas zu essen zu bekommen.«

Jacks Gesicht leuchtete auf. »Jetzt erinnere ich mich«, sagte er, »ich stand hinter dem Tresen. Sie kamen zu mir und fragten, ob Sie für etwas zu essen hier arbeiten könnten. Ich sagte, dass das gegen die Geschäftspolitik sei.«

»Ich weiß«, fuhr die Frau fort, »doch dann machten Sie mir das größte Roastbeef-Sandwich, das ich je gesehen habe, gaben mir eine Tasse Kaffee und sagten, ich solle mich an einen Ecktisch setzen und das Essen genießen. Ich befürchtete, dass Sie Schwierigkeiten bekommen würden ... aber dann, als ich sah, dass Sie das Geld für mein Essen in die Kasse legten, wusste ich, dass alles in Ordnung war.«

»Und dann haben Sie sich selbstständig gemacht?«, fragte der alte Jack.

»Noch an jenem Nachmittag habe ich einen Job bekommen. Ich habe mich hochgearbeitet. Schließlich startete ich mein eigenes Unternehmen, das – mit Gottes Hilfe – erfolgreich war.« Sie öffnete ihr Portemonnaie und zog eine Visitenkarte heraus. »Wenn Sie fertig gegessen haben, möchte ich, dass Sie Mr. Lyons, dem Personalchef meiner Firma, einen Besuch abstatten. Ich werde jetzt zu ihm gehen und mit ihm sprechen. Ich bin mir sicher, dass er eine Arbeit für Sie im Büro finden wird.« Sie lächelte. »Ich denke, er wird Ihnen auch einen Vorschuss geben können, damit Sie sich Kleidung kaufen und eine Wohnung mieten können, bis Sie wieder auf eigenen Füßen stehen. Wenn Sie irgendetwas benötigen, meine Tür steht für Sie immer offen.«

Dem alten Mann kamen die Tränen. »Wie kann ich Ihnen jemals danken?«, fragte er.

»Danken Sie nicht mir«, antwortete die Frau, »die Ehre geht an Gott. Danken Sie Jesus ... er hat mich zu Ihnen geführt.«

Vor dem Café blieben der Polizist und die Frau noch kurz stehen, bevor jeder seiner Wege ging.

»Danke für Ihre Hilfe!«, sagte die Frau.

»Im Gegenteil, Miss Eddy«, antwortete er, »ich habe Ihnen zu danken. Ich sah heute ein Wunder, etwas, das ich nie vergessen werde. Und ... danke für den Kaffee!«

Sie zog die Stirn in Falten. »Oh, ich habe vergessen, Sie zu fragen, ob Sie Milch und Zucker nehmen. Dieser hier ist jetzt schwarz.«

Der Polizist sah auf den dampfenden Becher Kaffee in seiner Hand. »Ja, normalerweise nehme ich Milch und Zucker – wahrscheinlich ein bisschen mehr Zucker, als gut für mich wäre«, und damit tätschelte er seinen großen Bauch.

»Tut mir leid«, sagte die Frau.

»Jetzt gerade macht mir das überhaupt nichts aus«, antwortete er lächelnd. »Ich habe das Gefühl, dass dieser Kaffee, den Sie mir ausgegeben haben, so süß wie Zucker schmecken wird.«

4. Erweitere dein Gebiet

Jabez sprach ein mutiges Gebet: »Segne mich doch und erweitere mein Gebiet! Sei bei mir in allem, was ich tue, und bewahre mich vor allem Kummer und Schmerz!« (1. Chronik 4,10).

Welches Gebiet möchtest du, dass Gott in deinem Leben erweitert? Bitte ihn darum.

Das Gebiet deines Glaubens,

das Gebiet deiner Freude,

das Gebiet deiner Liebesfähigkeit,

das Gebiet deiner Weisheit,

das Gebiet deiner Autorität,

das Gebiet deiner Vollmacht,

das Gebiet deines Dienens,

das Gebiet deines Gebetslebens,

das Gebiet deines fröhlichen Gebens,

das Gebiet deines Vertrauens,

das Gebiet deiner Freundschaften,

das Gebiet deiner Treue,

das Gebiet deiner Wahrhaftigkeit,

das Gebiet deines Fleißes,

das Gebiet deiner Leidensbereitschaft,

das Gebiet deines Hungers und Durstes nach dem Wort Gottes und seiner Gerechtigkeit,

das Gebiet deiner Finanzen,

das Gebiet deines Einflusses,

das Gebiet deines Durchhaltevermögens,

das Gebiet deines Friedens,

das Gebiet deiner Herzensreinheit?

Lass dir vom Heiligen Geist zeigen, welches Gebiet in deinem Leben Erweiterung braucht, und bitte dann Gott darum. »Sei bei mir in allem, was ich tue.«

Je mehr der Herr unser Gebiet erweitert, umso mehr brauchen wir seine Gnade, seine Versorgung, seine Liebe, seine Vollmacht, seine Kraft, seine Weisheit etc. Der Mensch, dessen Herz Gott sucht, erfährt, dass Gott nötig zu haben nichts ist, dessen man sich schämen müsste. Es ist kein Mangel, sondern die richtige Ausgangsbasis für alles und befreit von vielen unnötigen Bedürfnissen. Es ist am traurigsten, wenn ein Mensch durchs Leben geht, ohne zu entdecken, dass er Gott nötig hat, denn: »Gottes bedürfen ist des Menschen höchste Vollkommenheit« (Sören Kierkegaard).

Doch Jabez bat nicht nur um Erweiterung seines Gebietes, er bat auch darum, dass der Herr ihn vor allem Kummer und Schmerz bewahren möge. Welcher irdische Vater oder welche

Mutter hat Freude, wenn ihr Kind arm, krank und verzweifelt, voller Kummer und Schmerz ist? Genauso wenig hat unser himmlischer Vater, der Vater der absoluten göttlichen Liebe, Freude daran, wenn es seinen geliebten Kindern schlecht geht. Doch wenn Kummer und Leid einmal kommen, dann vertraue darauf, dass der Herr dir alle Gnade schenkt, um auf der anderen Seite des Tales mit großer Freude hervorzukommen. In Offenbarung 21,3-4 verheißt uns Gott, dass er eines Tages jede Träne von unseren Augen abwischen und es keine Schmerzen mehr geben wird.

Nie hätte ich mir vorstellen können, dass Gott so unglaublich gute Pläne für mein Leben hat, auch noch so spät im Leben. Wo andere in meinem Alter von einer Operation zur nächsten und von einer Kur zur anderen rennen (oder vielmehr humpeln), darf ich noch bei der Erfüllung vieler gesegneter Pläne des Herrn mitwirken und von Herrlichkeit zu Herrlichkeit gehen. Ich bin überzeugt davon, dass der Herr große Veränderungen in unser Leben bringen wird, wenn wir von Jabez lernen und so treu und voller Vertrauen beten, wie er gebetet hat. Gott ist gut, und er ist in den Schwachen (die voll und ganz von ihm abhängig sind und ihm in allen Lebenslagen vertrauen) mächtig (2. Korinther 12,9).

5. Vertrau dem Vater

Vertrauen ist essenziell, wenn wir in unsere Bestimmung kommen wollen. Wie immer und überall sollen wir auch in diesem Bereich von Jesus lernen:

1. Jesus vertraute sich nur seinem Vater an

> *Aber Jesus vertraute sich ihnen nicht an, denn er kannte sie und wusste, wie es in den Menschen wirklich aussieht. Ihm brauchte über die menschliche Natur niemand etwas zu sagen.*

> JOHANNES 2,24-25

2. Für Jesus waren die Liebe und die Fürsorge seines Vaters ausreichend

Der Vater liebt seinen Sohn und hat ihm Macht über alles gegeben.

JOHANNES 3,35

3. Jesus war völlig vom Vater abhängig

Daraufhin erwiderte Jesus: »Ich versichere euch: Der Sohn kann nichts aus sich heraus tun. Er tut nur, was er den Vater tun sieht. Was immer der Vater tut, das tut auch der Sohn. Denn der Vater liebt den Sohn und zeigt ihm alles, was er selbst tut; und der Sohn wird noch weit Größeres tun. Ihr werdet staunen über das, was er tun wird.

JOHANNES 5,19-20

4. Jesus brauchte nichts zu beweisen

Wenn ich als Zeuge für mich selbst auftreten würde, wäre mein Zeugnis nicht glaubwürdig. Doch es gibt noch einen anderen Zeugen für mich, und ich weiß, dass alles, was er über mich sagt, wahr ist.

JOHANNES 5,31-32

5. Jesus ging es nicht um die Ehre von Menschen

Eure Zustimmung oder Ablehnung kümmert mich nicht, weil ich weiß, dass ihr Gottes Liebe nicht in euch habt. Ich bin im Namen meines Vaters gekommen, aber ihr wollt mich nicht akzeptieren, obwohl ihr andere, die nur in ihrem eigenen Namen auftreten, bereitwillig akzeptieren werdet. Kein Wunder, dass ihr nicht glauben könnt! Denn ihr seid stets bereit, euch gegenseitig zu ehren, die Ehre aber, die nur von Gott kommen kann, bedeutet euch nichts.

JOHANNES 5,41-44

6. Jesus kannte seinen Vater und gehorchte ihm

»Ihr behauptet: ›Er ist unser Gott‹, aber ihr kennt ihn ja nicht einmal. Ich dagegen kenne ihn. Wenn ich etwas anderes behaupten würde, dann wäre ich ein ebensolcher Lügner wie ihr! Aber es ist wahr – ich kenne ihn und gehorche ihm.

JOHANNES 8,54B-55

7. Durch seinen Gehorsam erfuhr Jesus die Liebe des Vaters

Ich habe euch genauso geliebt, wie der Vater mich geliebt hat. Bleibt in meiner Liebe. Wenn ihr mir gehorcht, bleibt ihr in meiner Liebe, genauso wie ich meinem Vater gehorche und in seiner Liebe bleibe.

JOHANNES 15,9-10

Niemand kann uns dazu zwingen, zu vertrauen. Vertrauen ist die freiwillige Entscheidung, sich auf jemanden völlig einzulassen und zu verlassen.

Ich war schon lange Christ, hatte aber Gott noch nicht mein hundertprozentiges Vertrauen geschenkt, sondern nur 99,9 Prozent. Grund dafür war, dass ich die heimliche Angst hatte, ich müsste Nonne werden, wenn ich Gott völlig vertraute und mich ihm bedingungslos hingab. Ich wäre allerdings eine schreckliche Nonne geworden, und deshalb war das auch nicht meine Bestimmung.

Ich war ungefähr 33 Jahre alt, als ich bei einer großen Evangelisation in Dallas/Texas durch eine Predigt von Billy Graham erkannte, dass Gott mehr Liebe für mich hat als alle anderen Menschen, einschließlich mir selbst, und da wurde mir bewusst, wie dumm es von mir wäre, wenn ich mich dieser großen Liebe des Vaters nicht voll und ganz anvertraute. Es war die beste Entscheidung meines Lebens und mein Vertrauen in meinen geliebten, himmlischen Vater und seine Pläne für mich wird von Jahr zu Jahr größer.

So spricht der Herr: »Verflucht sei, wer sich von mir abwendet und sich nur noch auf Menschen oder seine eigene Kraft verlässt. Der ist wie ein kümmerlicher Wacholderstrauch in der Wüste, der versucht, auf salzigem, unfruchtbarem Boden zu wachsen – er wird nicht viel Glück haben. Aber Segen soll über den kommen, der seine ganze Hoffnung auf den Herrn setzt und ihm vollkommen vertraut. Dieser Mann ist wie ein Baum, der am Ufer gepflanzt ist. Seine Wurzeln sind tief im Bachbett verankert: Selbst in glühender Hitze und monatelanger Trockenheit bleiben seine Blätter grün. Jahr für Jahr trägt er reichlich Frucht.

JEREMIA 17,5-8

Die Frage an dich ist: Willst du weiterhin ein Dornenstrauch in der Wüste sein oder lieber wie ein Baum, der gepflanzt ist am Wasser, der seine Wurzeln zum Bach hinstreckt? Du entscheidest dich, wem du vertraust und wem du glaubst.

Gott möchte uns Vertrauen lehren und erzieht uns durch die Umstände des Lebens. Er wird uns testen, aber das ist kein Grund, ihm zu misstrauen! In jeder Schule gibt es Tests, nicht, um die Schüler zu quälen, sondern um ihnen zu zeigen, wo sie stehen und was sie noch lernen müssen. Auch in unserem Leben stehen Tests an, um uns zu zeigen, wo wir im Herzen stehen.

Wenn wir die Tests bestehen, dann können wir letztendlich zu allen Umständen unseres Lebens wie Josef in 1. Mose 50,20 sagen: »Was mich betrifft, hat Gott alles Böse, das ihr geplant habt, zum Guten gewendet.«

Ich möchte dich wirklich dazu ermutigen, dein Leben bedingungslos der Liebe Gottes anzuvertrauen. Sein Wort sagt: »Der Herr ist von ferne gekommen und sprach zu ihm: ›Ich habe dich schon immer geliebt. Deshalb habe ich dir meine Zuneigung so lange bewahrt‹« (Jeremia 31,3). Und er hat versprochen: »Noch bevor sie rufen, werde ich ihnen antworten. Während sie mir noch ihre Bitten vortragen, will ich sie schon erhö-

Ich möchte dich dazu ermutigen, dein Leben bedingungslos der Liebe Gottes anzuvertrauen.

ren!« (Jesaja 65,24). Vor Kurzem las ich von einer Ärztin, die in Afrika arbeitete, Folgendes, und es zeigt sehr gut, wie sehr wir Gott vertrauen dürfen:

Eines Abends half ich lange und intensiv einer gebärenden Mutter in unserer Buschklinik. Aber trotz all meiner Bemühungen starb die Frau. Sie hinterließ eine winzige Frühgeburt und eine weinende, zweijährige Tochter.

Wir hatten keinen Brutkasten, und deshalb war es für uns fast unmöglich, das kleine Baby am Leben zu erhalten. Es gab keinen Strom, somit hatten wir auch keine andere Möglichkeit, das Kleine zu wärmen. Wir hatten auch keine besonderen Ernährungsmöglichkeiten für das Baby, und obwohl wir am Äquator lebten, wurden die Nächte oft sehr kalt und es windete stark.

Eine Studentin, die gerade als Hebamme ausgebildet wurde, suchte die Schachtel mit der Baumwolle, die wir normalerweise für solche Frühgeburten benutzen. Eine andere Studentin rannte und machte ein Feuer, um die einzige Wärmflasche, die dieses Buschkrankenhaus besaß, mit heißem Wasser zu füllen. Aber sie kam bald weinend und sehr frustriert zurück, denn die Wärmflasche war beim Auffüllen kaputtgegangen – Gummi wird in diesem tropischen Klima schnell brüchig.

»Und das war unsere einzige Wärmflasche!«, rief sie entsetzt. Man soll über verschüttete Milch nicht weinen und auch nicht über kaputtgegangene Gegenstände. Aber im Busch gibt es keine Apotheke, wo man schnell und unkompliziert eine neue kaufen kann, so wie im Westen.

Ich sagte der Hebamme: »Leg das Baby in die Schachtel und so nahe an das Feuer, dass es nicht in Gefahr gerät. Lege dich dann zwischen die Tür und das Baby, damit die Winde das Kind nicht auskühlen. Es ist deine Aufgabe, das Baby warmzuhalten.«

Am folgenden Mittag tat ich, was ich meistens tat: Ich ging in eines unserer Waisenhäuser, um mit den Kindern zu beten. Sie scharten sich um mich und ich machte ihnen ein paar Vorschläge, worum sie Gott bitten konnten. Dabei erzählte ich ihnen auch von dem winzig kleinen Baby in unserem Krankenhaus, das sterben würde, wenn es uns nicht gelänge, es irgendwie warmzuhalten. Ich berichtete ihnen von der geplatzten Wärmflasche und auch von dem zweijährigen Schwesterchen, das jetzt keine Mama mehr hatte, da sie bei der Geburt gestorben war.

Während der Gebetszeit betete unsere zehnjährige Ruth mit der Direktheit und Klarheit, die für afrikanische Kinder so typisch ist: »Bitte, lieber Gott, schick uns heute eine Wärmflasche. Morgen nutzt sie uns nichts mehr, lieber Gott, dann wird das Baby tot sein. Also schick sie bitte heute Nachmittag.«

Während ich innerlich nach Luft schnappte und irritiert war von der Vermessenheit dieses Kindes, so zu beten, fuhr sie fort: »Und wenn du uns die Wärmflasche schickst, lieber Gott, dann bitte auch gleich eine schöne Puppe für das große Schwesterchen, damit sie auch weiß, dass du sie lieb hast.«

Wie so oft hat mich dieses Gebet etwas schockiert. Konnte ich zu so einem Gebet wirklich Amen sagen? Wenn ich ehrlich war, konnte ich nicht glauben, dass Gott so ein Gebet erhören kann. Natürlich wusste ich, dass Gott zu allem fähig ist. Das lehrt uns die Bibel. Aber es gibt gewisse Grenzen, oder nicht?

Eigentlich konnte Gott dieses Gebet nur beantworten, wenn er mir ein Paket von zu Hause schickte. Ich war inzwischen schon vier Jahre als Missionsärztin in Afrika, hatte aber noch nie ein Paket von daheim bekommen. Außerdem war es quasi undenkbar, dass mir jemand eine Wärmflasche schicken würde – sollte mir überhaupt jemand ein Paket schicken –, denn ich lebte schließlich am Äquator.

In den Nachmittagsstunden, während ich noch in der Krankenschwesternschule unterrichtete, erhielt ich dann die Nachricht, dass ein Auto vor meinem Haus wartete. Ich eilte schnell nach Hause, doch das Auto war schon weg. Stattdessen stand ein großes, über 10 Kilogramm schweres Paket auf meiner Veranda.

Ich merkte, wie sich Tränen in meinen Augen sammelten. Ich

konnte das Paket nicht alleine aufmachen. Deshalb ließ ich die Kinder vom Waisenhaus holen, damit sie mir beim Auspacken halfen.

Zusammen haben wir sehr vorsichtig die Schnüre gelöst. Wir haben das Papier aufgemacht und dabei sehr darauf geachtet, nichts zu zerreißen. Die Spannung stieg mit jeder Lage, die wir entfernten. Ungefähr vierzig Kinderaugen sahen gespannt auf das große Paket, voller Vorfreude und Spannung, was wohl darin sein mochte.

Ganz oben lagen in bunten Farben verschiedene handgestrickte Pullover. Die Augen der Kleinen glänzten, als ich sie verteilte. Dann kamen gestrickte Bandagen für die Leprakranken hervor – und die Kinder schauten etwas gelangweilt drein. Als Nächstes hole ich eine Schachtel mit Rosinen und Nüssen hervor: Damit konnten wir gut süße Brötchen für das Wochenende backen.

Als ich wieder meine Hand in die Schachtel steckte, da fühlte ich ... konnte es wirklich sein? Ich zog es rasch heraus – es war eine nagelneue Wärmflasche!

Nun brach ich wirklich in Tränen aus. Ich hatte Gott nicht gebeten, dass er sie mir schickte, ich hatte nicht einmal geglaubt, dass er es tun konnte.

Die mutige Beterin Ruth, die ganz vorne stand, drängte sich an das Paket heran und rief voller Begeisterung: »Wenn Gott uns eine Wärmflasche geschickt hat, dann hat er sicher auch die schöne Puppe nicht vergessen!«

Sie griff tief in die Schachtel und zog eine ganz neue, wunderschön gekleidete Puppe heraus! Ihre Augen glänzten und sie jubelte. Nie hatte sie daran gezweifelt! Sofort fragte sie mich: »Darf ich gleich zu dem kleinen Mädchen laufen und ihr die Puppe bringen, damit sie weiß, wie lieb Gott sie hat?«

»Natürlich!«, antwortete ich.

Dieses Paket war volle fünf Monate unterwegs gewesen. Meine ehemalige Sonntagsschulklasse hatte es gepackt. Die Leiterin hatte auf Gott gehört und den Anweisungen Gottes gehorcht, eine Wärmflasche dazuzupacken, obwohl ich am Äquator lebe.

Und eines der Kinder hatte seine schönste Puppe für ein afrikanisches Kind hergeschenkt – bereits fünf Monate zuvor, als Antwort auf das Gebet eines zehnjährigen Kindes an diesem Tag.

6. Wandle in den Werken, die Gott vorbereitet hat

Im Epheserbrief lesen wir:

> *Weil Gott so gnädig ist, hat er euch durch den Glauben gerettet. Und das ist nicht euer eigenes Verdienst; es ist ein Geschenk Gottes. Ihr werdet also nicht aufgrund eurer guten Taten gerettet, damit sich niemand etwas darauf einbilden kann. Denn wir sind Gottes Schöpfung. Er hat uns in Christus Jesus neu geschaffen, damit wir zu guten Taten fähig sind, wie er es für unser Leben schon immer vorgesehen hat.*
>
> EPHESER 2,8-10

In der Lutherübersetzung lautet Vers 10: »Denn wir sind sein Werk, geschaffen in Christus Jesus zu guten Werken, die Gott zuvor bereitet hat, dass wir darin wandeln sollen.« Als der Herr mir vor Jahren eine Offenbarung über dieses Wort schenkte, hörte aller Kampf um das Finden und Erkennen meiner Bestimmung auf. Ich war von da an gewiss, dass Gott jeden Tag gute Werke für mich vorbereitet hat, in denen ich wandeln soll. Seither ist mein Gebet: »Herr, bitte öffne mir die Augen und die Ohren meines Herzens, damit ich erkenne, was heute deine Werke sind, und schenk mir den Gehorsam, darin mit Freude zu wandeln.«

Ich weiß jetzt, dass der tägliche Weg das Ziel ist. Wenn ich täglich gehorsam an der Hand Jesu gehe und das tue, was er mir zeigt, dann ist der Rest *sein* Problem, dann wird sich meine Berufung ganz automatisch entfalten und ich komme meiner Bestimmung jeden Tag ein Stück näher. Es ist alles viel weniger kompliziert, als man denkt.

Die »Herausforderung« für Gott ist, dass er unseren Charakter so formt, wie es zu unserer Berufung passt. Und in diesem Prozess der Zubereitung und des Geformtwerdens zu weichem Ton in seiner Hand gibt es zwei Geschwindigkeitsstufen: langsam und sehr langsam. Das gefällt uns normalerweise gar nicht, denn wir sind noch voller eigenem Tatendrang und haben wenig Geduld.

Wenn der Herr schließlich seine Reinigungs- und Befreiungsarbeit an uns vollzogen hat und wir auf die »Autobahn des Lebens aus dem Geist« kommen, dann geht es uns meistens zu schnell und wir sagen: »Bitte langsamer!« Dann können wir nur noch staunen, was der Herr in, mit und durch uns tut und was er uns zumutet. Wir selbst sind genauso überrascht über die Ergebnisse wie alle anderen.

In dem Prozess der Zubereitung und des Geformtwerdens zu weichem Ton in seiner Hand gibt es zwei Geschwindigkeitsstufen: langsam und sehr langsam.

Es war nie meine Absicht, als Missionarin nach Afrika zu gehen. Ich habe mich so für all die Gräuel- und Schandtaten geschämt, die unsere weißen Vorväter in ganz Afrika in den vergangenen Jahrhunderten begangen haben, dass mich diese Kollektivschuld fast erdrückte und ich den Kontinent nie betreten wollte. Als Gott mir dann aber die Gewissheit gab, dass er mich als Segen genau dorthin senden wollte, wurde mein Herz hellhörig und bereit.

Es waren allerdings viele Jahre der Zu- und Vorbereitung nötig, und während dieser Zeit ging mir alles zu langsam und zu zäh. Heute, fast zwanzig Jahre später, geht mir hingegen alles zu schnell und ich komme aus dem Staunen nicht mehr heraus, wie Gott segnet, führt, verschlossene Türen öffnet und Dinge tut, die ich in meinem Leben nie für möglich gehalten hätte. Ich kann den ganzen Tag nur danken und den Herrn loben und schauen, wie ich ihm hinterherkommen kann.

Als Gott mich vor einigen Jahren auf einem Gebetsberg in Uganda fragte, ob ich ihm vertrauen würde, dass er mir für 1000 arme Kinder alles gäbe, da war meine Antwort: »Herr, das ist kein kleiner Anfang, aber wenn du das vorhast, dann vertraue ich dir!«

Nachdem mein Vorstand in Österreich, Deutschland und der Schweiz nach einigen Anfangsbedenken erkannt hatte, dass das tatsächlich das Reden Gottes war, willigten sie ein und ich durfte einen Rundbrief an alle unsere Kontakte schreiben. Innerhalb von acht Monaten hatten wir 1000 Patenschaften und ich war der Meinung, die 1000 Kinder seien meine Lebensaufgabe.

Inzwischen haben wir jedes Jahr 600 – 800 neue Kinder in unserem Schulprogramm aufgenommen und der Herr ist treu gewesen. Über 3000 von ihnen haben ihre Schulausbildung mittlerweile abgeschlossen und können sich nun selbst versorgen. Gott sei Dank!

Früher wollte ich Gottes Willen tun, aber *ich* wollte Gott sagen, was er tun soll und wie er segnen soll, was ich angefangen habe. Letztlich sollte Jesus *mir* nachfolgen. Immer wieder treffe ich Christen, die Gott dienen wollen, aber in einer beratenden Haltung; sie wollen *ihm* sagen, was er zu tun hat. Das braucht Gott nicht. Er ist die absolute Weisheit und wir sollen ihm nachfolgen, nicht umgekehrt.

Die überwältigende Erfahrung ist: Wenn ich den Willen Gottes zu meinem Willen mache, dann lässt er mich meinen Willen immer durchsetzen! So einfach ist es, und weil es so einfach ist, ist es sehr kompliziert für uns Menschen.

Ich möchte an dieser Stelle zwei kleine Geschichten erzählen, die mir sehr gefallen haben, weil sie deutlich machen, was es ganz praktisch bedeutet, »in den vorbereiteten Werken Gottes zu wandeln«.

Ein Mann ging zum Friseur, um seine Haare und seinen Bart schneiden zu lassen. Als der Friseur mit seiner Arbeit anfing, ergab sich ein Gespräch zwischen den beiden. Sie unterhielten sich über viele verschiedene Dinge und kamen schließlich auch auf das Thema »Gott« zu sprechen.

Der Friseur meinte: »Ich glaube nicht, dass Gott überhaupt existiert.«

»Warum denken Sie das?«, fragte der Kunde.

»Sie müssen doch nur auf die Straße hinausgehen, dann sehen Sie schon, dass es keinen Gott gibt. Wenn es einen Gott gäbe, hätten wir dann so viele kranke Menschen? Gäbe es verlassene Kinder? Wenn es Gott gäbe, dann gäbe es auch kein Leid und keinen Schmerz. Ich kann mir nicht vorstellen, dass ein liebender Gott all diese Dinge zulassen würde.«

Der Kunde dachte einen Moment nach, aber er gab keine Antwort, denn er wollte sich nicht in ein Streitgespräch verwickeln lassen. Schließlich war der Friseur mit dem Haarschnitt fertig, der Kunde bezahlte und verließ das Geschäft. Direkt vor dem Salon sah er einen schmutzigen und ungepflegten Mann mit langen, fettigen und ungepflegten Haaren und einem struppigen Bart bettelnd sitzen. Einer Inspiration des Heiligen Geistes folgend, machte er auf dem Absatz kehrt und sagte zu dem Friseur: »Wissen Sie was, ich glaube, dass Friseure nicht existieren!«

»Wie können Sie so etwas behaupten?«, fragte der überraschte Friseur. »Ich bin hier und ich bin Friseur und ich habe Ihnen doch gerade Haare und Bart geschnitten.«

»Nein«, meinte der Kunde entschieden. »Friseure existieren nicht, denn wenn sie existieren würden, dann gäbe es keine Menschen mit langen, fettigen und ungepflegten Haaren und struppigen Bärten wie diesen Mann, der bettelnd vor Ihrem Geschäft sitzt.«

»Oh, aber Friseure existieren!«, antwortete der Friseur. »Das Problem ist, dass nicht alle Menschen zu ihnen kommen.«

»Genau das ist es!«, bestätigte der Kunde. »Das ist der Punkt! Gott existiert auch. Allerdings kommen viele Menschen nicht zu ihm und suchen ihn nicht. Deshalb gibt es so viel Leid und Schmerz auf dieser Welt.«

Diese Geschichte macht uns zwei Dinge deutlich: Zum einen enthält sie eine schöne Erklärung dafür, warum es Leid und Schmerz auf dieser Welt gibt. Zum anderen zeigt sie uns, wie wir in den vorbereiteten Werken wandeln können, wenn wir auf den Heiligen Geist hören und dann gehorsam das tun, was er uns eingibt. Hier nun noch die zweite Geschichte, die wahr ist und die ich sehr bewegend finde:

Ein junger Pastor und seine Frau hatten gerade eine alte Kirche für ihren Neustart in Brooklyn, New York, bekommen. Es war Oktober und der erste Gottesdienst sollte an Weihnachten stattfinden.

Als sie das heruntergekommene Gebäude zum ersten Mal sahen, wussten sie, dass es noch viel Arbeit sein würde, bis die Gemeinde in gut zwei Monaten eröffnet werden könnte. Sie arbeiteten schwer, reparierten die Bänke, besserten die Löcher in den Mauern aus, verputzten und bemalten die Wände neu ... Am 18. Dezember sah es so aus, als würde alles nach Plan verlaufen. Doch am 19. Dezember tobte ein starker Wintersturm mit viel Regen und Schnee über der Stadt, der zwei Tage anhielt.

Als der Pastor am 21. Dezember zu der Kirche kam, begann ihn der Mut zu verlassen, als er sah, dass das Dach nicht dicht geblieben war. Die Mauer war stellenweise durchnässt und hinter dem Altar war sogar ein großes Stück herausgebrochen und heruntergefallen.

Der Pastor begann, den Schutt wegzuräumen, doch wusste er nicht, was er tun sollte und ob er die geplante Weihnachtsfeier verschieben sollte. Schließlich machte er sich erschöpft auf den Heimweg. Unterwegs entdeckte er einen großen Flohmarkt in einem Warenhaus. Er ging hinein und sah dort ein wunderschönes, riesiges gesticktes Tischtuch mit feinen Farben und einem großen Kreuz in der Mitte. Er kaufte es und ging doch noch einmal zurück zur Kirche.

Inzwischen hatte es wieder heftig zu schneien begonnen. Als er sah, wie eine ältere Frau knapp den Bus verpasste, der vor der Kirche abfuhr, lud er sie ein, doch in der Kirche die 45 Minuten bis zum nächsten Bus abzuwarten.

Die Frau setzte sich in eine Kirchenbank, während der Pastor nach vorne ging und das Tischtuch an die Wand hinter den Altar hängte, um das Loch zu verdecken. Es hatte genau die richtige

Größe – die perfekte Lösung, um den Wandschaden wenigstens zeitweise zu verstecken!

Als der Pastor von seiner Leiter herunterstieg, stand die Frau vor dem Altar und fragte: »Entschuldigung, aber woher haben Sie dieses Tischtuch?«

»Von einem Flohmarkt hier um die Ecke – warum?«

Die Frau antwortete nicht, sondern bat ihn nur, nachzusehen, ob in der rechten unteren Ecke die Initialen EBG eingestickt waren. Und tatsächlich fand der Pastor die drei Buchstaben.

Nun erzählte die Frau bewegt die ganze Geschichte: Es waren ihre eigenen Initialen, denn sie hatte diese Tischdecke vor 35 Jahren in Österreich bestickt. Sehr ergriffen sprach sie davon, dass ihr Mann und sie wohlhabende Leute gewesen waren. Doch als die Nazis kamen, waren sie gezwungen gewesen, zu flüchten. Sie hatte Österreich zuerst verlassen, ihr Mann wollte am nächsten Tag folgen, doch er wurde gefasst, ins Gefängnis gesteckt und sie hatte ihn nie wieder gesehen.

Der Pastor wollte ihr das Tischtuch sofort schenken, aber sie bestand darauf, dass die Kirche es behielt. Aus Dank und von dieser Geschichte bewegt, bot der Pastor der Frau an, sie heimzubringen. Sie lebte auf der anderen Seite der Stadt und kam nur einmal pro Woche, um für wenig Geld in einem reichen Haushalt zu putzen.

Weihnachten kam. Es war ein wunderbares Fest der Freude, die Kirche war voll mit Menschen und es war ein herrlicher Anfang für diese Gemeinde. Der Pastor verabschiedete die Besucher am Ausgang. Als er in die Kirche zurückkam, bemerkte er, dass ein alter Mann aus der Nachbarschaft noch in der Kirchenbank saß. Er ging zu ihm und fragte ihn, ob er etwas für ihn tun könne.

Der Mann antwortete: »Pastor, woher haben Sie dieses große Tischtuch hinter dem Altar? Meine Frau und ich stammen aus Österreich, doch wir mussten vor den Nazis fliehen. Ich kam ins Gefängnis und habe meine Frau seither nie wieder gesehen. Aber ich bin mir sehr sicher, dass sie dieses Tischtuch da vorne vor 35 Jahren bestickt hat.«

Der Pastor fragte den alten Mann, ob er ihn auf eine kleine Fahrt mit seinem Auto einladen dürfe. Er fuhr dann bis zu dem Haus, wo er die alte Frau vor wenigen Tagen abgesetzt hatte. Als er dem Mann half, die Stufen bis ins dritte Stockwerk hinaufzusteigen und an der Tür geklopft hatte, erlebte er das schönste Weihnachtsgeschenk seines Lebens.

Wenn du jeden Tag mit offenen Augen und Ohren des Herzens durchs Leben gehst, wirst du bald das Wirken des Herrn und seine vorbereiteten Werke erkennen und mit Freude in ihnen wandeln. Ich garantiere dir, dass es dann keinen grauen Alltag mehr gibt, sondern nur Feiertage, voller Abenteuer mit Jesus. Außerdem wirst du wahres Glück finden. Jeder Mensch wacht morgens auf, arbeitet und bemüht sich auf die verschiedensten Arten und Weisen, Glück im Leben zu finden. Doch das einzig wahre Glück kommt, wenn wir uns täglich auf Gott ausrichten und das tun, was er sich von und für uns wünscht und was er vorbereitet hat. Dann erfahren wir auch wahren Frieden. Er stellt sich ein, wenn der Heilige Geist die volle Kontrolle über jede Entscheidung, die wir treffen, bekommt.

> *Wenn du jeden Tag mit offenen Augen und Ohren des Herzens durchs Leben gehst, wirst du bald das Wirken des Herrn und seine vorbereiteten Werke erkennen und mit Freude in ihnen wandeln.*

7. Wachse, wo immer du bist

Ein altes irisches Sprichwort sagt: »Du musst dein eigenes Wachsen tun, ganz gleich, wie groß dein Großvater war.« Nichts aus deiner Vergangenheit wird dazu führen, dass du wächst. Das Einzige, was das bewirkt, ist deine volle Hingabe, es zu tun. Und jede neue Stufe des Wachstums in deinem Leben fordert neue Hingabe und Opfer. Es geht nicht darum, dass du dir Leiden und Schmerzen suchst – das solltest du niemals tun –, aber manche Wachstumsschritte sind mit Leiden und Schmerzen verbunden. Nimm sie an und vertraue Gott, dass er dir die Gnade gibt, die du brauchst, um in der entsprechenden Situation zu wachsen.

Ein bestimmtes Erlebnis aus meinem Leben hat mich diesbezüglich sehr viel gelehrt. Vor vielen Jahren durfte ich einen amerikanischen Evangelisten durch Österreich begleiten und für ihn übersetzen. Als ich während dieser Zeit einmal eine Wegstrecke allein mit dem Auto fahren musste, durchfuhr mein Herz wie aus heiterem Himmel ein Schmerz, den ich so vorher noch nie erfahren hatte. Gerade noch konnte ich mein Auto auf dem Seitenstreifen parken, so sehr musste ich aus meinem tiefsten Inneren weinen; es schüttelte mich richtig.

Ich bat Gott um eine Erklärung, was für ein Schmerz das war und woher er kam. In meinem Herzen hörte ich, wie er mir sagte: »Ich erlaube dir, den Schmerz meines Herzens zu spüren. So sehr leide ich wegen Österreich. Aber mach nicht denselben Fehler wie damals im Krankenhaus.«

Ich forschte in meinem Herzen, was ich damals im Krankenhaus falsch gemacht hatte, und der Heilige Geist erinnerte mich an eine Situation, die sich vor Jahren ereignet hatte. Als junge Frau hatte ich sonntagnachmittags ehrenamtlich in einem Krankenhaus gearbeitet, um die Krankenschwestern zu entlasten. An jenem besonderen Sonntag hatte ich in der Entbindungsstation helfen dürfen, und da alle Frauen Besuch hatten und versorgt waren, hatte ich mich einer jungen Erstgebärenden gewidmet, die am Gang auf und ab ging und sich immer wieder zusammenkrümmte, wenn eine neue Wehe kam.

Sie tat mir so leid und so bat ich sie, sich auf einen Stuhl zu setzen. Ich habe sie dann lange und intensiv am Rücken massiert und dafür gebetet, dass der Schmerz sie verlassen möge. Nach einiger Zeit meinte sie auch tatsächlich ganz erleichtert und entspannt: »Jetzt ist es vorbei.«

Wir waren beide dankbar, bis uns der Arzt zu sich rief und vor allem mir die Leviten las, dass ich auf einer Entbindungsstation nichts verloren hätte, wenn ich diesen Schmerz nicht aushalten könne. »Das ist ein Schmerz, der Leben hervorbringt und absolut notwendig ist. Jetzt muss ich die Wehen künstlich einleiten, und das wird noch viel schmerzvoller sein.«

Es war für mich eine Lektion fürs Leben: Es gibt einen Schmerz, der Leben bringt, und den darf man nicht wegmassieren. Christus will in uns geboren werden. Sein Wort soll in uns Fleisch werden, es muss sich in uns »verstoffwechseln«. Und das bedeutet den Tod für das Fleisch und tut oft sehr weh.

Es gibt einen Schmerz, der Leben bringt, und den darf man nicht wegmassieren.

Der Großteil der Menschen will immer mit der Masse laufen, mit dem Strom schwimmen, nur keinen Widerstand leisten, denn dann bekommt man ja Annahme und eckt nicht an. Wenn du wachsen willst, musst du dich allerdings mit Einsamkeit auseinandersetzen. Du musst lernen, gegen den Strom zu schwimmen, und das kann sehr einsam sein, aber auch absolut lehrreich, spannend und fruchtbringend. Wenn du das Orchester leiten willst, musst du der Menge den Rücken zuwenden.

Die meisten erfolgreichen Menschen streben nach vorne, während andere ihre Zeit vergeuden. Fang an, deine Zeit zu nützen. Lerne, wie man sinnvoll alleine leben kann. Wenn du wachsen willst, musst du aus deinen Sicherheitszonen ausbrechen.

Umgib dich mit denen, die sich nach mehr in ihrem Leben ausstrecken, die sich ganz auf Gott ausrichten. Ein Hai wird nie größer werden als seine Umgebung. Wenn du ihn in ein kleines Schwimmbecken gibst, wird er kaum wachsen. Wenn du ihn jedoch ins Meer entlässt, kann er bis zu sieben Meter lang werde. Suche dir Menschen, von denen du lernen kannst. Und natürlich ist der allerbeste Lehrmeister unser Herr Jesus Christus. Nicht umsonst sagt er uns in seinem Wort:

Kommt alle her zu mir, die ihr müde seid und schwere Lasten tragt, ich will euch Ruhe schenken. Nehmt mein Joch auf euch. Ich will euch lehren,

denn ich bin demütig und freundlich, und eure Seele wird bei mir zur
Ruhe kommen. Denn mein Joch passt euch genau, und die Last, die ich
euch auflege, ist leicht.

MATTHÄUS 11,28-30

Jesus hat mich in den vielen Jahren meines Lebens unglaublich viel gelehrt und immer noch lerne ich von ihm, wie er in den verschiedenen Situationen auf dieser Erde handeln möchte. Wann immer es möglich ist, frage ich: »Herr Jesus, wie siehst du diese Sache und wie verhältst du dich in dieser Situation?«

Es gab eine Zeit in unserer Familie, da herrschte eine sehr angespannte Stimmung. Es ging ums Erben. Meine Eltern lebten noch, und ich konnte meine Geschwister nicht verstehen, warum sie immer wieder auf das Erbe zu sprechen kamen. Die Eltern waren doch noch gesund – was sollte da das ganze Gequatsche?!

Statt das einfach so laufen zu lassen, ging ich zum Herrn und fragte ihn, was er dazu dachte. Als Antwort bekam ich Psalm 45,11: »Höre mich, Königstochter, und nimm dir zu Herzen, was ich sage: Vergiss dein Volk und deine ferne Heimat ...«

Das Erbe war ein schönes, großes Haus, das der Vater mit der Hilfe meiner Familie gebaut hatte – ich habe an anderer Stelle schon davon erzählt. Ich verstand den Bibelvers so, dass ich mich in die Diskussion ums Erbe nicht einmischen sollte, ja, dass ich überhaupt keinen Anspruch darauf erheben sollte. Ich war überrascht über diese klare Anweisung des Herrn, aber auch dankbar dafür.

Kurz darauf gab es ein Familientreffen, bei dem meine Eltern ihr Testament verlasen. Und es war klar, dass das Haus zwei andere Geschwister bekommen sollten. Ich selbst war total entspannt und freute mich darüber, dass mich der Herr schon vorbereitet hatte und mir so klare, unmissverständliche Worte gegeben hatte. Meine Familie wiederum war äußerst überrascht, wie gelassen und locker ich das Testament meiner Eltern aufnahm, obwohl ich als die Älteste sehr viel Zeit, Arbeit und Geld in dieses Haus investiert hatte und dieses Haus (mittlerweile) sehr liebte. Doch es war mir möglich, weil ich mich ganz auf Gott verließ und ihm vertraute, in dieser Situation wachsen zu dürfen. Und heute, viele Jahre später, hat der Herr mir die Gnade gegeben, schon über hundert Häuser in Uganda zu bauen für sein Reich und für die vielen armen Menschen. Ich bin so dankbar, dass der Herr für alle unsere Lebenssituationen die richtigen Antworten hat!

Für ein Leben aus dem Heiligen Geist gibt es kein Rezept. Ich bin überzeugt, dass der Herr mit jedem von uns Geschichte schreiben möchte, und zwar Apostelgeschichte. Das ist das einzige Buch der Bibel, das noch täglich durch die Kinder Gottes, die Nachfolger Jesu Christi, weitergeschrieben wird.

8. Lebe als Königskind

Wir alle sind berufene Königskinder, denn der wirkliche Vater und Erzeuger von einem jedem von uns ist der König aller Könige, der Herr aller Herren! Er hat jeden von uns als wunderbares Original geschaffen. Keiner von uns ist ein Unfall oder ein Problem, sondern ein wunderbarer schöpferischer Gedanke Gottes.

Viele von uns sind jedoch schon in frühen Jahren, manchmal schon im Mutterleib, dieser Identität beraubt worden durch Menschen, die Gott nicht kannten, oder durch Umstände, die sie Lügen über sich haben glauben lassen.

Unser Selbstbild basiert vorwiegend auf unseren vergangenen Erfahrungen, unserer Familie, unseren Freunden, der Gesellschaft etc. Menschen, die eine Autoritätsposition in unserem Leben eingenommen haben (Eltern, Großeltern, ältere Geschwister, Lehrer, Priester und Pastoren), tragen sehr viel zum Entstehen eines positiven oder negativen Selbstbildes in uns bei.

Wir neigen auch oft dazu, uns selbst durch die Brille anderer hindurch zu sehen und uns aufgrund ihrer »offensichtlichen« Schlussfolgerungen zu beurteilen (wir denken dann über uns selbst, wie wir denken, dass andere über uns denken!). Das bringt in der Regel einen Minderwertigkeitskomplex hervor. Doch in dem Moment, wenn jemand durch seine Lebensübergabe an Jesus Christus durch den Heiligen Geist von Neuem geboren wird und anfängt, sich selbst durch die Augen Jesu Christi zu sehen, fängt ein neues Leben an.

Vor vielen Jahren hat mir eine Seelsorgerin, die erkannte, welch schlechtes Selbstbild ich hatte, die Aufgabe gestellt, dass ich jeden Morgen, bevor ich mich wasche oder kämme, in den Spiegel schauen und laut proklamieren solle: »Herr, du musst einen wunderbaren Tag gehabt haben, als du mich geschaffen hast!«

Ich war gehorsam und tat es, aber nach drei Tagen hatte ich den Eindruck, dass das eine blanke Lüge sei. Ich spürte, wie sich alles in mir gegen diese Aussage wehrte und sich ein Klumpen in meinem Magen formte.

Ich ging zu der lieben Frau, die es gut mit mir meinte, und sagte: »Diese Übung habe ich probiert, aber es funktioniert bei mir nicht, mir wird fast schlecht, wenn ich diese Worte ausspreche.«

Sie meinte liebevoll: »Leider hast du diese Lüge jetzt schon so viele Jahre geglaubt, dass du die Wahrheit nicht mehr fassen kannst. Mach es trotzdem jeden Tag weiter.«

Papa, du musst eine Wucht von einem Tag gehabt haben, als du mich erschaffen hast!

Heute schaue ich in den Spiegel und sage voller Freude: »Papa, du musst eine Wucht von einem Tag gehabt haben, als du mich erschaffen hast!« Und ich kann mich wirklich über mich und mein Leben mit dankbarem Herzen freuen.

Es gibt die Geschichte vom bettelnden Königssohn, die ich vor Jahren irgendwo gelesen habe. Sie hat mir die Augen geöffnet und mir sehr geholfen, meinen Weg langsam, aber sicher zurück in den Königspalast zu finden. Ich durfte erfahren, dass ich nicht das Ergebnis meiner natürlichen Herkunft, meiner Familie, meiner Erziehung, meiner Erfahrungen bleiben muss, sondern dass es meine ursprüngliche Bestimmung ist, ein Königskind zu sein.

Ein großer König bekam eines Tages einen lang ersehnten Sohn – seinen Thronerben. Das Baby trug ein auffälliges rotes Muttermal am Arm, war aber ansonsten ganz gesund. Kurz darauf, das Baby war noch sehr klein, ging das Kind während eines Unfalls bei einer winterlichen Schlittenfahrt in der Nacht verloren: Der Schlitten blieb an einer großen Wurzel hängen und kippte in eine Schneewehe. Der ohnmächtige König und seine Frau wurden schnellstens geborgen und ins nächste Dorf gebracht. Doch das Baby konnte nicht gefunden werden, auch als die Diener des Königs am nächsten Tag zurückkehrten, um nach ihm zu suchen.

Was war geschehen? Eine Räuberbande war kurz nach dem Abtransport des Königs vorbeigekommen, hatte das Kind schreien gehört und aus der Schneewehe geborgen. Zwar bemerkten sie die schönen Kleider des Kindes, die aus kostbaren Stoffen gemacht und mit Insignien versehen waren, konnten aber nicht lesen, weshalb sie die Kleider verkauften und das Kind mit zu sich in ihre Höhle nahmen.

Der König und seine Gemahlin waren außer sich vor Sorge, Kummer und Schmerz wegen ihres Verlusts und schickten täglich Boten in das ganze Land und auch über seine Grenzen hinaus, um einen Jungen mit einem Feuermal am Arm zu suchen, ihren Sohn.

Viele Tage, Wochen, Monate, Jahre vergingen, ohne dass das Kind gefunden wurde. Während dieser Zeit wuchs der Junge unter den Räubern heran – mit Schmutz und Lumpen, mit Ratten, Flöhen und Läusen. Er lernte zu betteln, zu lügen und zu betrügen, zu fluchen und auch zu stehlen. Als Räuber lebte er unter den Räubern, bis zu jenem denkwürdigen Tag, als ihn die Boten des Königs fanden:

Bereits zum zweiten Mal war der Junge beim Stehlen erwischt worden. Weil darauf die Todesstrafe stand, hatte man ihn auf den Marktplatz geführt und ihm den Strick um den Hals gelegt, um ihn zu hängen. Doch da trafen die königlichen Boten ein und entdeckten das Feuermal auf dem entblößten Arm des Kindes. Sie schritten sofort ein, befreiten den Jungen und nahmen ihn mit zum König und seiner Gemahlin.

Der Räuberjunge hatte riesige Angst, dass nun noch Schlimmeres auf ihn zukommen würde, etwa Tod durch Folter, und als die Boten ihm die frohe Botschaft überbrachten, dass er der verlorene und lang gesuchte Sohn des Königs und seiner Gemahlin sei, hielt er es für einen grausamen Scherz. Er war doch nur ein armseliger und verachtenswürdiger Bettler! Tatsächlich versuchte er mehrmals vergeblich, aus der Kutsche zu springen, um zu entkommen.

Seine Verwirrung wurde noch größer, als er, im Schloss angekommen, vom König und seiner Gemahlin überglücklich in die Arme geschlossen wurde. Es keimte der Verdacht in ihm auf, dass es sich um eine entsetzliche Verwechslung handeln müsse. Als er dann an einem Spiegel vorbeikam, schien alles mehr denn je ein Hohn zu sein. Sah so etwa ein Königssohn aus? In Lumpen gekleidet, schmutzig und unangenehm riechend, verlaust und in gebückter und unterwürfiger Haltung?

Man kann sich leicht vorstellen, dass er in der ersten Nacht versuchte, das Schloss durch ein Fenster zu verlassen, um zu fliehen, und dass er einige Dinge aus Gewohnheit »mitgehen« ließ, sich dabei aber ironischerweise selbst bestahl. Es wäre kein Wunder, wenn er noch einige Zeit unter heimlicher Todesfurcht zu leiden gehabt, wenn er sich in seinen neuen Kleidern absolut lächerlich gefühlt und immer wieder eine große Abneigung gegen die Badewanne hätte überwinden müssen.

Ohne sich alle Herausforderungen und Umstände im Einzelnen auszumalen, wird jeder erahnen können, was auf den jungen Räuber in den nächsten Tagen, Wochen, Monaten und Jahren zukam. Er musste der werden, der er eigentlich war: der Sohn des Königs und der zukünftige Regent des Landes!

Man wird sich auch vorstellen können, welcher herausfordernden Aufgabe die Diener des Königs gegenüberstanden, als sie den Königssohn in die verschiedenen Bereiche seines Erbes einführen mussten. Es brauchte seine Zeit, bis sich der ehemalige Bettler seiner königlichen Natur entsprechend benahm, und es dauerte noch länger, bis er tatsächlich wie der Erbe des Reiches dachte und sich auch so fühlte. Wahrscheinlich erlebte er auch ab und zu einen »Rückfall« in sein altes Räuberleben und musste sich neu besinnen.

Dieser Wachstumsprozess in die Wahrheit hinein, die ihn von all den Lügen befreite, die er bisher über sich geglaubt hatte, wird von verschiedenen Faktoren begünstigt oder erschwert worden sein.

Zum einen spielte die Zeit eine Rolle, die der Königssohn als Bettler und Dieb gelebt hatte. Je mehr Zeit vergeht, desto tiefer sitzt die falsche Identität.

Etwas anderes hatte in diesem Prozess allerdings ein noch größeres Gewicht: die Frage, welche Bedeutung der Sohn seinen eigenen Erinnerungen, Gedanken und Gefühlen beimaß und welche Bedeutung demgegenüber die Aussagen des Königs und der Dienerschaft für ihn hatten. Der Prozess wird sehr begünstigt worden sein, wenn er sich dazu entschlossen hat, den Worten des Königs absolute Priorität und Glaubwürdigkeit einzuräumen, und davon ausgegangen ist, dass seine eigenen Informationen über sich keinen großen Wahrheitsgehalt aufwiesen.

In jedem Fall erwartete den bettelnden Königssohn nach seiner Rückkehr an den Hof ein Kampf – ein Kampf zwischen verschiedenen und widersprüchlichen Informationen. Und vom Verlauf dieses Kampfes war abhängig, inwieweit er in der Lage sein würde, später das Reich zu regieren – denn als Räuber würde er nicht dazu in der Lage sein.

Was der Königssohn erlebte, entspricht der Natur des Kampfes um das Reich Gottes, das schon längst da, aber gleichzeitig vielfach noch nicht zu sehen ist. Gott ist König über den Himmel, die Erde und die Hölle, aber die wenigsten Menschen benehmen sich dieser Tatsache entsprechend.

Diese Geschichte macht uns klar, welchen Kampf jeder von uns antritt, der sich bekehrt. So wie das Feuermal den Räuber, so zeichnet das Blut Jesu den Christen aus. Und dennoch braucht es oft geraume Zeit, bis wir persönlich verstehen und erkennen, wer wir in Christus sind. Die Herausforderungen, denen sich der junge

Thronfolger gegenübersah, entsprechen denen, die auf einen Menschen zukommen, der von Gott erlöst wurde. Wir werden die Werke Gottes nur in dem Maße antreten können, wie wir erkennen und glauben, wer wir in Jesus Christus und seinem vollendeten Erlösungswerk sind.

Wir werden die Werke Gottes nur in dem Maße antreten können, wie wir erkennen und glauben, wer wir in Jesus Christus und seinem vollendeten Erlösungswerk sind.

Der König des Himmels (übrigens der beste Vater der Welt) sagt seinen Kindern, dass sie geliebt, geheiligt und befreit sind. Aber die wenigsten Kinder fühlen und erleben sich so. Sie schauen in den Spiegel, um die neue Kreatur, die neue Schöpfung zu entdecken, aber sie finden sie dort nicht. Als Nächstes ziehen sie ihr Verhalten, ihre Gefühle und alles mögliche andere hinzu, um vielleicht davon abzuleiten, wie königlich sie sind. Dabei vergessen sie jedoch, dass man im Himmel und auf Erden und auf der ganzen Welt nur durch eine fundamentale und unabänderliche Tatsache königlich wird, und zwar durch Geburt. Und so müssen viele Christen erst mühsam lernen, sich selbst von ihrer Geburt in Jesus Christus und den fundamentalen biblischen Aussagen über sie abzuleiten.

Die meisten Christen haben damit ein Problem. Sie machen es nämlich genau falsch herum. Sie schauen in verschiedene Arten von Spiegeln, betrachten sich selbst, ihre Eigenschaften und besonders die Erfahrungen, die sie in der Vergangenheit gemacht haben, und leiten davon ihre Identität ab. Die ist dann nur in den seltensten Fällen königlich ... Der richtige Weg jedoch ist es, anzufangen, sich in seiner neuen Identität als Königskind zu sehen, und daraus dann auf die Aufgaben und Eigenschaften zu schließen, die damit einhergehen.

In Jesaja 43,18-19 heißt es:

Denkt nicht mehr daran, was war und grübelt nicht mehr über das Vergangene. Seht hin; ich mache etwas Neues; schon keimt es auf. Seht ihr es nicht? Ich bahne einen Weg durch die Wüste und lasse Flüsse in der Einöde entstehen.

Gott gibt hier einen Schlüssel, damit wir als befreite Königskinder leben können: Es geht darum, das Frühere und das Vergangene zu vergessen (in dem Sinne, dass ich mich nicht mehr daran orientiere), um frei zu sein, das Neue zu erkennen und in es hineinzuwachsen.

Wenn du Probleme damit hast, an deine Bestimmung als Königskind zu glauben, dann meditiere regelmäßig über folgende Wahrheiten aus dem Wort Gottes und sprich sie dir zu. Sie werden dein Leben verändern, wenn du sie in deinem Herzen mit Glauben mischst.

In Christus bin ich bedeutungsvoll:

Johannes 15,15	Ich bin Gottes Freund.
Römer 5,1	Ich bin gerecht.
1. Korinther 6,17	Ich gehöre dem Herrn und bin ein Geist mit ihm.
1. Korinther 6,20	Ich bin teuer erkauft. Ich gehöre zu Gott.
1. Korinther 12,27	Ich bin ein Glied an Christi Leib.
2. Korinther 5,21	Ich bin gerecht gemacht.
Epheser 1,5	Ich bin als Kind Gottes adoptiert.
Epheser 2,18	Ich habe direkten Zugang zu Gott durch den Heiligen Geist.
Epheser 2,19	Ich bin Gottes Hausgenosse.
Epheser 2,19	Ich bin Mitbürger der Heiligen.
Epheser 3,12	Ich kann zu Gott ohne Furcht und voller Zuversicht kommen.
Kolosser 1,14	Ich habe Erlösung und Vergebung der Sünden.
Kolosser 2,10	Ich bin vollkommen in Christus.

In Christus bin ich angenommen:

Matthäus 5,13	Ich bin das Salz der Erde.

Matthäus 5,14	Ich bin das Licht der Welt.
Johannes 1,12	Ich bin ein Kind Gottes.
Johannes 15,1.5	Ich bin Rebe am wahren Weinstock, ein Kanal seiner Liebe.
Apostelgeschichte 1,8	Ich bin ein persönlicher Zeuge Christi.
1. Korinther 3,16	Ich bin Gottes Tempel.
2. Korinther 5,17-18	Ich bin ein Diener der Versöhnung Gottes.
2. Korinther 6,1	Ich bin Gottes Mitarbeiter (1. Korinther 3,9).
Epheser 1,1	Ich bin ein Heiliger.
Epheser 2,6	Ich bin auferweckt und mit Christus im Himmel eingesetzt.
Epheser 2,10	Ich bin Gottes Werk.
Philipper 3,20	Ich bin ein Bürger des Himmels (Epheser 2,6).

In Christus bin ich sicher:

Römer 8,28	Ich weiß, dass alle Dinge zu meinem Besten dienen.
Römer 8,35.38-39	Ich kann nicht von Gottes Liebe getrennt werden.
Römer 8,1	Ich bin frei von aller Beschuldigung.
2. Korinther 1,21	Ich bin von Gott festgemacht, gesalbt und versiegelt.
Epheser 1,13-14	Ich bin mit dem Heiligen Geist versiegelt, der das Unterpfand meines Erbes ist.
Kolosser 1,13	Ich bin vom Reich der Dunkelheit befreit und ins Reich Christi versetzt worden.
Kolosser 3,3	Ich bin mit Christus in Gott verborgen.
Philipper 4,13	Ich vermag alles durch den, der mich stark macht.
Hebräer 4,16:	Ich finde Barmherzigkeit und Gnade, wenn ich Hilfe nötig habe.
1. Johannes 5,18	Der Böse kann mich nicht antasten.

| 2. Timotheus 1,7 | Ich habe nicht den Geist der Furcht bekommen, sondern den Geist der Kraft und der Liebe und der Besonnenheit. |

9. Lebe mit einer neuen Ausstrahlung

Als ich mit sieben Jahren Jesus in mein Herz eingeladen hatte, war die erste Zeit voller Freude für mich. Nach und nach wurde der Weg mit Gott aber immer beschwerlicher. Doch ich war überzeugt, den richtigen Weg zu gehen. Als ich dann Mitte zwanzig war und Menschen zu Jesus führen wollte, hatte ich keine Erfolge, im Gegenteil. Immer wieder sagten sie: »Ich habe schon ohne Jesus genug Probleme.«

Ich klagte dem Herrn meine Not und fragte ihn: »Was ist das Problem?«

Er meinte nur: »Die Verpackung stimmt nicht!«

Und sofort war mir klar, dass es mit mir und meiner Ausstrahlung zu tun hatte. Ich habe ihn daraufhin gebeten, an der Verpackung zu arbeiten und mich von allem zu befreien, was seinem Wirken entgegenstand. Es dauerte einige Jahre, bis meine Ausstrahlung sich so verändert hatte, dass andere Menschen das haben wollten, was ich hatte. Während dieser Zeit lernte ich, in ständiger Verbindung mit Jesus und seinem Wort zu leben, und ich bin immer noch damit beschäftigt, denn der Feind möchte uns permanent ablenken und unseren Blick von Jesus wegziehen.

David hatte eine besondere Wirkung und Anziehungskraft auf Menschen; sie wollten ihm gerne folgen. Menschen aus verschiedenen Gesellschaftsschichten verließen und riskierten alles, um in Davids Armee zu dienen. In 1. Chronik 12,23 lesen wir: »Jeden Tag stießen weitere Männer zu David, bis er über ein riesiges Heer verfügte, groß wie das Heer Gottes.«

Was war sein Geheimnis? David war bestimmt ein lebendiger, charismatischer und respektabler Führer. Aber die Antwort liegt tiefer. Ich denke, dass die Menschen letztlich dadurch angezogen waren, dass Gott mit David war. In 1. Chronik 12,19 steht:

Da kam der Geist über Amasai, der später Anführer der »Dreißig« wurde, und er sagte: »Wir gehören zu dir, David! Wir stehen auf deiner Seite, Sohn Isais. Friede und Wohlergehen dir und Friede allen, die dich unterstützen, denn dein Gott hilft dir!« Da nahm David sie auf und machte sie zu Anführern seiner Truppen.

Amasai und andere Männer konnten sehen, dass Gott David half, dass er ihn unterstützte. Und das veranlasste sie dazu, sich ihm anzuschließen.

Alles verändert sich, wenn Gott mit dir ist; die Menschen um dich herum können sein Wohlwollen auf deinem Leben sehen. Sie fühlen sich angezogen von Leuten, bei denen sie Veränderung durch das Wirken des Heiligen Geistes erkennen und auf denen sie die Kraft Gottes spüren.

Mose hatte eine besondere Ausstrahlung, nachdem er Zeit mit Gott verbracht hatte. Sein Gesicht war so strahlend, dass er einen Schleier benötigte:

Nachdem Mose ihnen alles mitgeteilt hatte, verhüllte er sein Gesicht mit einem Tuch. Doch jedes Mal, wenn er das Heiligtum betrat, um mit dem Herrn zu reden, nahm er das Tuch von seinem Gesicht, bis er wieder herauskam. Dann teilte er den Israeliten mit, was der Herr ihm befohlen hatte, und sie sahen wieder das Leuchten auf seinem Gesicht. Danach verhüllte er sein Gesicht wieder mit dem Tuch, bis er erneut hineinging, um mit dem Herrn zu sprechen.

2. Mose 34,33-35

Auch Petrus und Johannes beeindruckten die jüdischen Leiter mit ihrer besonderen Ausstrahlung, obwohl sie doch »einfache« Männer waren:

Die Mitglieder des Hohen Rats waren erstaunt, wie furchtlos und sicher Petrus und Johannes sprachen, denn sie konnten sehen, dass sie ganz einfache Männer ohne besondere Bildung waren. Außerdem wussten sie, dass diese Männer dem engsten Kreis um Jesus angehört hatten.

APOSTELGESCHICHTE 4,13

Frag dich doch einmal selbst, ob es Anzeichen bei dir gibt, dass du wirklich anders bist. Können andere an dir erkennen, dass du mit Jesus unterwegs bist? Dass du Zeit mit ihm verbringst? Dass er dein Freund ist?

Gib dich nicht mit oberflächlicher Religion zufrieden! Begib dich immer wieder in Jesu Gegenwart. Sprich mit ihm, höre auf seine Stimme und gehorche. Hab Gemeinschaft mit ihm und lies in seinem Wort. Erlaube ihm, dich in seiner Gegenwart zu verändern, sodass andere diese Veränderung bemerken. In Matthäus 5,16 steht: »Und genauso lasst eure guten Taten leuchten vor den Menschen, damit alle sie sehen können und euren Vater im Himmel dafür rühmen.«

Es geht nicht darum, dass Menschen auf dich aufmerksam werden – sie sollen den Vater im Himmel sehen. Deine Ausstrahlung weist auf ihn hin; sie wollen dann das bekommen, was du hast!

10. Lebe als Jünger

»Darum geht zu allen Völkern und macht sie zu Jüngern« (Matthäus 28,19a). Ich glaube, diesen Satz haben wir jahrhundertelang nicht richtig begriffen. Wir haben Kirchenmitglieder gezüchtet und dadurch Spaltung und Spannung verursacht. Der Herr wollte aber, dass wir Gläubige zu Jüngern machen. Doch was ist eigentlich ein Jünger? Woran erkennt man ihn? Schauen wir, was die Bibel dazu sagt:

1. Jünger werden daran erkannt, dass sie mit Jesus gewesen sind

In Apostelgeschichte 4,13 lesen wir:

> *Die Mitglieder des Hohen Rats waren erstaunt, wie furchtlos und sicher Petrus und Johannes sprachen, denn sie konnten sehen, dass sie ganz einfache Männer ohne besondere Bildung waren. Außerdem wussten sie, dass diese Männer dem engsten Kreis um Jesus angehört hatten.*

Ich glaube, nichts formt uns im Leben so sehr wie die Menschen, denen wir begegnen, und die Bücher, die wir lesen. Deshalb: Je mehr Gemeinschaft wir mit Jesus Christus haben, je mehr wir Jesus in unserem Leben Raum geben und ihn in unsere täglichen Situationen hineinlassen, je mehr wir auf Jesus schauen, von ihm lernen und in seinem Wort lesen, desto mehr werden wir uns in sein Ebenbild verwandeln. Nicht umsonst sagt der Schreiber des Hebräerbriefes: »Dies tun wir, indem wir unsere Augen auf Jesus gerichtet halten, von dem unser Glaube vom Anfang bis zum Ende abhängt« (12,2a).

2. Jünger werden daran erkannt, dass sie dem Wort Gottes gehorchen

In Johannes 14,23-24 antwortete Jesus auf eine Frage des Judas:

> »*Wer mich liebt, wird tun, was ich sage. Mein Vater wird ihn lieben, und wir werden zu ihm kommen und bei ihm wohnen. Wer mich nicht liebt, wird nicht tun, was ich sage. Vergesst nicht: Meine Worte kommen nicht aus mir selbst, sondern vom Vater, der mich gesandt hat.*«

Und in Johannes 15,7 heißt es: »Doch wenn ihr mit mir verbunden bleibt und meine Worte in euch bleiben, könnt ihr bitten, um was ihr wollt, und es wird euch gewährt werden!« Die Kinder, die den Eltern die größte Freude bereiten, sind wohl die, die ihnen folgen.

Wie oft bringen wir anstrengende Eigenkreationen zum Herrn, weil wir denken, dass er sich über unsere Mühe besonders freut, und sind dann enttäuscht, dass er über sie nicht glücklich ist. Der Herr will unsere Opfer nicht. Er will nicht, dass wir versuchen, seine Liebe durch irgendetwas zu erwerben, zu erkaufen, zu verdienen oder abzubezahlen, sondern er will, dass wir seinem Wort gehorchen.

3. Jünger werden daran erkannt, dass sie Frucht bringen

In Johannes 15,16 sagt Jesus:»Nicht ihr habt mich erwählt, ich habe euch erwählt. Ich habe euch dazu berufen, hinzugehen und Frucht zu tragen, die Bestand hat, damit der Vater euch gibt, was immer ihr ihn in meinem Namen bittet.« Und in Johannes 15,8 lesen wir:»*Darin wird mein Vater verherrlicht, dass ihr viel Frucht hervorbringt und meine Jünger werdet.*«

Die berühmten Künstler des Mittelalters hatten alle eine Schar von Schülern oder Jüngern um sich, die so werden wollten wie ihr Meister. Sie lebten Tag und Nacht mit ihm, lasen ihm jedes Wort von den Lippen ab, sie lernten von ihm in allen Lebenslagen, um perfekte Kopien ihres Meisters zu werden. Und vor allem wollten sie die Werke vollbringen, die er vollbracht hat – ob es sich um Gemälde, Statuen oder was auch immer handelte. Manche haben es sogar so weit gebracht, dass man zwischen den Werken des Meisters und ihren keinen Unterschied mehr erkennen kann.

In ähnlicher Weise möchte der Herr, dass unsere Frucht der seinen gleicht; nämlich, dass wir das Reich Gottes verkündigen, die Menschen lehren, alles zu halten, was er uns aufgetragen hat, dass wir die Gebundenen befreien, die Kranken heilen, den Hungrigen zu essen geben, die Gefangenen besuchen, in anderen Worten: die Wunder und die Dienste tun, die Jesus getan hat.

Der Herr hat mich einmal gefragt: Wie heißen die Früchte, die Christen hervorbringen sollen?

Darauf meinte ich:»Liebe, Freude, Frieden ...«

Der Herr erwiderte: »Das ist die Frucht des Heiligen Geistes, die ein wahrer Jünger Jesu auch in seinem Leben empfangen und weitergeben soll. Aber welche Frucht bringt ein Apfelbaum, ein Kirschbaum, ein Nussbaum hervor?«

Ich antwortete: »Diese Bäume bringen Äpfel, Kirschen, Nüsse als Früchte hervor.«

»Und welche Früchte soll dann ein Christ, ein Jünger Jesu, hervorbringen?«

Da wurde mir klar, dass die Früchte, die der Herr von seinen Jüngern erwartet, weitere Jünger sind, weitere Kinder Gottes, weitere Christen. Darin zeigt sich unsere Fruchtbarkeit.

4. Jünger werden an ihrer Liebe erkannt, die sich in der unerschütterlichen Nachfolge Jesu ausdrückt

In Johannes 15,12 heißt es: »Ich gebiete euch, einander genauso zu lieben, wie ich euch liebe.« Und in Johannes 12,26 steht: »Wer mein Jünger sein will, muss sich aufmachen und mir nachfolgen, denn mein Diener wird da sein, wo ich bin. Wer mir nachfolgt, den wird der Vater ehren.«

Ein gewaltiges Beispiel dieser Liebe Gottes, die sich in einer unerschütterlichen Nachfolge Jesu ausdrückte, ist für mich Mutter Teresa. Sie hat sich der ärmsten und verlassensten Menschen in Indien angenommen und ist dem Ruf Jesu nachgefolgt, auch wenn sie zunächst niemand auf das Missionsfeld schicken wollte. Und sie lebte in dieser 24-stündigen Verbundenheit mit dem Herrn Jesus Christus. Sie wurde eine Frau Gottes, zu der die Großen und Starken und Berühmten dieser Welt gepilgert sind, um von Gott zu hören.

Immer wieder bin ich auch dankbar für all die Priester und Ordensleute, alle Missionare, die im letzten und vorletzten Jahrhundert, getrieben von der Liebe Gottes, nach Afrika gezogen sind – gehorsam dem Ruf Gottes, das Evangelium dort zu verkündigen. Ihnen verdanken wir die Millionen von feurigen Christen, die durch ihren unermüdlichen Einsatz zum Glauben an den lebendigen Gott gefunden haben.

11. Lerne, Gott zu respektieren

Leider leben wir in einer sehr anti-autoritären Zeit. Wir respektieren weder Eltern noch Lehrer noch geistliche Leiter. In den USA ist es in vielen Schulen schon so weit gekommen, dass Lehrer und Schüler mit Pistolen bewaffnet zum Unterricht kommen.

Gottesfurcht hat nichts mit Angst vor Gott zu tun – deswegen heißt es in modernen Bibelübersetzungen oft auch »Ehrfurcht«. Religiöse Menschen haben Angst vor Gott, aber wahrlich gläubige Menschen vertrauen Gott und respektieren sein Wort, auch wenn sie nicht alles verstehen.

Es war für mich eine sehr entscheidende Stunde in meinem Leben und ein großer Durchbruch in meinem Glauben, als ich mich dazu entschied, das Wort Gottes über meine Gefühle, über meine bisherigen Erkenntnisse und Erfahrungen, über meinen menschlichen Verstand zu stellen und Gott zu gehorchen, also sein Wort zu respektieren.

In der Bibel gibt es unglaublich viele wunderbare Verheißungen für diejenigen, die Gott und sein Wort ernst nehmen und ihn fürchten. Gott sucht Menschen, die ihn mehr lieben als alles andere und die Sünde mehr hassen als alles andere. Mit solchen Menschen kann Gott die Welt verändern, denn sie wandeln gehorsam und voll des Vertrauens in sein Wort. Hier sind nur einige der Bibelstellen:

Das Volk des Herrn soll mit Ehrfurcht vor ihn treten, denn die ihn ehren, haben alles, was sie brauchen.

PSALM 34,10

Der Gott Israels hat gesprochen. Der Fels Israels hat zu mir gesagt: »Wer gerecht herrscht über die Menschen, wer in der Furcht Gottes herrscht, ist

155

wie das Morgenlicht, wie die Sonne, die an einem wolkenlosen Himmel aufgeht und nach erfrischendem Regen zartes Grün sprießen lässt.«

2. SAMUEL 23,3-4

Ehrfurcht vor dem Herrn ist der Anfang wahrer Weisheit. Klug sind alle, die sich danach richten. Lobt seinen Namen für alle Zeit!

PSALM 111,10

Die Ehrfurcht vor dem Herrn verlängert das Leben, die Jahre der Gottlosen aber werden verkürzt.

SPRÜCHE 10,27

Die Ehrfurcht vor dem Herrn ist eine lebensspendende Quelle; sie rettet vor den Stricken des Todes.

SPRÜCHE 14,27

Die Ehrfurcht vor dem Herrn schenkt Leben und Sicherheit und bewahrt vor Unglück.

SPRÜCHE 19,23

Demut und Ehrfurcht vor dem Herrn führen zu Reichtum, Ehre und Leben.

SPRÜCHE 22,4

12. Lerne, auf Gott zu warten

Gott hat für alles die richtige Zeit:

Alles hat seine Zeit, alles auf dieser Welt hat seine ihm gesetzte Frist: Geboren werden hat seine Zeit wie auch das Sterben. Pflanzen hat seine Zeit wie auch das Ausreißen des Gepflanzten. Töten hat seine Zeit wie auch das Heilen. Niederreißen hat seine Zeit wie auch das Aufbauen. Weinen hat seine Zeit wie auch das Lachen. Klagen hat seine Zeit wie auch das Tanzen. Steine zerstreuen hat seine Zeit wie auch das Sammeln von Steinen. Umarmen hat seine Zeit wie auch das Loslassen. Suchen hat seine Zeit wie auch das Verlieren. Behalten hat seine Zeit wie auch das Wegwerfen. Zerreißen hat seine Zeit wie auch das Flicken. Schweigen hat seine Zeit wie auch das Reden. Lieben hat seine Zeit wie auch das Hassen. Krieg hat seine Zeit wie auch der Frieden. Was also hat der Mensch davon, dass er sich abmüht? Ich habe mir die Arbeit angesehen, die Gott den Menschen gegeben hat, damit sie sich damit plagen. Gott hat allem auf dieser Welt schon im Voraus seine Zeit bestimmt, er hat sogar die Ewigkeit in die Herzen der Menschen gelegt. Aber sie sind nicht in der Lage, das Ausmaß des Wirkens Gottes zu erkennen; sie durchschauen weder, wo es beginnt, noch, wo es endet. Dadurch wurde mir klar, dass es das Beste für den Menschen ist, sich zu freuen und das zu genießen, was er hat. Denn es ist ein Geschenk Gottes, wenn jemand isst und trinkt und sich über die Früchte seiner Arbeit freuen kann. Mir ist auch klar geworden, dass alles, was Gott tut, endgültig ist: Nichts kann hinzugefügt und nichts kann weggenommen werden. Gott handelt so, damit die Menschen Ehrfurcht vor ihm haben.

PREDIGER 3,1-14

Und weil Gott für alles die richtige Zeit hat, sollen wir lernen, auf ihn zu warten: »Die, die auf den Herrn warten, gewinnen neue Kraft. Sie schwingen sich nach oben wie die Adler. Sie laufen schnell, ohne zu ermüden. Sie werden gehen und werden nicht matt« (Jesaja 40,31).

Mit das Schwierigste, was Gott von uns erwartet, ist, dass wir ihm in allem vertrauen – und dazu gehört auch der richtige Zeitpunkt. Unsere Erfahrungen, unsere Ängste, unsere Ungeduld scheinen dem häufig sehr im Wege zu stehen. Schon König Saul hatte dieses Problem:

In 1. Samuel 10,8 lesen wir, dass ihm der Prophet Samuel folgenden Auftrag gab: »Geh mir voraus, hinunter nach Gilgal, und warte dort sieben Tage auf mich. Ich werde dich dort treffen und Brand- und Friedensopfer darbringen. Wenn ich komme, werde ich dir weitere Anweisungen geben.« Doch in 1. Samuel 13 erfahren wir, dass Saul nervös wurde, da ihm die Soldaten in der

Schlacht gegen die Philister davonzulaufen drohten. Samuel kam zwar am siebten Tag, wie verheißen, allerdings ziemlich spät, weshalb Saul alles selbst in die Hand nahm und anfing, Brandopfer vor der vereinbarten Zeit darzubringen.

Diese Ungeduld, dieser Unglaube, seine Unfähigkeit, auf Gottes Auftrag zu warten, kostete Saul sein Königreich. Es war eine schwerwiegende Schuld in den Augen Gottes und hatte extreme Folgen für sein weiteres Leben. Von dem Tag an war sein Leben erfüllt mit Problemen, persönlichen Tragödien und letztendlich beging er sogar Selbstmord.

»Wie dumm von dir!«, rief Samuel zu Saul. »Du hast das Gebot des Herrn, deines Gottes, das er dir gegeben hat, nicht befolgt. Hättest du das getan, hätte der Herr dein Königtum über Israel für immer bestehen lassen. So aber wird deine Herrschaft nicht von Dauer sein, denn der Herr hat sich einen Mann nach seinem Herzen ausgesucht. Er hat ihn bereits zum Anführer seines Volkes bestimmt, weil du dem Herrn nicht gehorcht hast.«

1. SAMUEL 13,13-14

Gott ist immer derselbe. Er kommt nie zu spät, er ist aber auch nie zu früh, ganz gleich, in welchen Umständen wir uns gerade befinden. Auch wenn es uns so vorkommt, als hätten wir die Kontrolle über unser Leben verloren, als ginge alles drunter und drüber, sollen wir in dem totalen Vertrauen wandeln, dass Gott niemals die Kontrolle verliert und er alleine die Macht, Weisheit und Kraft hat, uns zu befreien und zu erlösen. Es ist eine Frage, wie sehr wir im Glauben und Vertrauen auf Gott und sein Wort leben.

Ich weiß, das ist keine leichte Lektion. Ich bin nun schon in vorgerücktem Alter und erkenne immer wieder, dass das Warten auf Gott ein lebenslanger Prozess ist. Es gibt Zeiten, in denen wir zu Gott schreien und Leid erfahren und unser Herz fast zerbricht in der Geduldsprobe, wann und wie Gott führen, eingreifen, befreien wird. Doch der Segen und die Wohltaten, die aus dem Warten auf Gott fließen, sind viel mehr wert als der Schmerz und die Konsequenzen, die folgen, wenn wir Dinge in unsere eigene Hand nehmen.

»Vertraue von ganzem Herzen auf den Herrn und verlass dich nicht auf deinen Verstand. Denke an ihn, was immer du tust, dann wird er dir den richtigen Weg zeigen« (Sprüche 3,5-6). Dieser Vers gibt uns den Schlüssel für die richtige Herzenseinstellung des Wartens.

13. Gebrauche deine Zunge zum Segen für dich und deine Mitmenschen

Wenn ihr behauptet, Gott zu dienen, aber eure Zunge nicht im Zaum halten könnt, betrügt ihr euch nur selbst, und euer Dienst für Gott ist wertlos.

JAKOBUS 1,26

Wir alle machen viele Fehler, aber wer seine Zunge im Zaum hält, der kann sich auch in anderen Bereichen beherrschen. Wir können ein großes Pferd lenken, wohin wir wollen, wenn wir ihm ein Zaumzeug anlegen. Und mit einem winzigen Ruder lenkt der Steuermann ein großes Schiff selbst bei heftigem Wind, wohin er will. So kann auch die Zunge, so klein sie auch ist, enormen Schaden anrichten. Ein winziger Funke steckt einen großen Wald in Brand! Die Zunge ist wie eine Flamme und kann eine Welt voller Ungerechtigkeit sein. Sie ist der Teil des Körpers, der alles beschmutzen und das ganze Leben zerstören kann, wenn sie von der Hölle selbst in Brand gesteckt wird. Der Mensch kann die unterschiedlichsten Tiere und Vögel, Reptilien und Fische zähmen aber die Zunge kann niemand im Zaum halten. Sie ist ein unbeherrschbares Übel, voll von tödlichem Gift. Mit ihr loben wir Gott, unseren Herrn und Vater; dann wieder verfluchen wir mit ihr andere Menschen, die doch als Ebenbilder Gottes geschaffen sind. So kommen Segen und Fluch aus demselben Mund. Und das, meine Freunde, darf nicht so sein! Sprudelt aus einer

Quelle etwa frisches und bitteres Wasser zugleich? Pflückt man Oliven von einem Feigenbaum oder Feigen von einem Weinstock? Nein, und man kann auch kein frisches Wasser aus einem salzigen See schöpfen.

JAKOBUS 3,2-12

Aus diesen Worten Gottes können wir klar erkennen, welche wichtige Rolle die Zunge in unserem Leben spielt und dass unsere Worte unser Schicksal bestimmen (siehe z.B. auch Sprüche 18,21). Tod und Leben sind in der Gewalt der Zunge! So klein diese Zunge ist, kann sie doch großen unvorhersehbaren Schaden für uns selbst und auch andere Menschen anrichten, wenn sie nicht unter der Kontrolle des Heiligen Geistes steht.

Von den Beispielen, die im Text aus Jakobus 3 angegeben werden (der Funke, das Zaumzeug im Maul eines Pferdes, das Ruder eines Schiffes), zeigt uns das Ruder eines Schiffes am besten, welchen immensen Einfluss die Zunge hat. Das Ruder ist klein, es befindet sich unter Wasser; man sieht es nicht, wenn man das Schiff anschaut, das auf dem Wasser dahingleitet. Und doch bestimmt dieses kleine Teil, das dem Beobachter verborgen bleibt, die Richtung des Schiffes.

Wenn das Ruder richtig gehandhabt wird, dann wird das Schiff sicher sein Ziel erreichen. Wenn es aber nicht richtig eingesetzt wird, dann wird das Schiff sicherlich nicht ankommen und vielleicht sogar Schiffbruch erleiden. Das Ruder ist ausschlaggebend für das Schicksal, den Kurs des gesamten Schiffes. So ist es auch mit der Zunge. Wenn wir einen Menschen anschauen, werden wir kaum die Zunge sehen. Und doch ist dieses kleine unbeachtete Körperteil genauso wichtig wie das Ruder eines Schiffes. Die Zunge bestimmt den Kurs und das Leben eines Menschen. Unsere gesprochenen Worte beeinflussen unser Schicksal.

Erlaube dem Herrn, deine Zunge zu heilen, indem du deine Sünde bekennst und Vergebung empfängst für:

- übermäßiges Reden
- unnütze Worte

- Tratsch und Klatsch
- Lügen
- Schmeicheleien
- hastiges und unbedachtes Reden
- Heuchelei
- Lästerei
- ...

Bitte den Herrn, deine Zunge von allen toten Werken zu reinigen, und weihe sie ihm als Werkzeug der Gerechtigkeit, des Segens, der Wahrheit und der Klarheit.

Wenn wir so ins Licht kommen und den Ernst unseres Problems eingestehen, dann ist Gott treu und gerecht, dass er uns die Sünde vergibt und uns reinigt von aller Ungerechtigkeit (1. Johannes 1,9).

Wenn du in deine Bestimmung kommen willst, ist es sehr wichtig, dass deine Zunge unter die Kontrolle des Heiligen Geistes kommt.

Vertraue Gott auch in Bezug auf diesen kleinen Körperteil – dass er dir und vielen anderen zum Segen wird.

14. Verlass dich auf das kostbare Blut Jesu

Ich sage euch: Wenn ihr das Fleisch des Menschensohnes nicht esst und sein Blut nicht trinkt, könnt ihr das ewige Leben nicht in euch haben. Wer aber mein Fleisch isst und mein Blut trinkt, hat das ewige Leben, und ich werde ihn am letzten Tag auferwecken.

JOHANNES 6,53-54

Ich bin dem geliebten Vater im Himmel so dankbar, dass wir wieder freien Zugang zu ihm haben, und zwar durch das kostbare Blut seines Sohnes, das er aus Liebe zu uns und im Gehorsam an seinen Auftrag für uns vergossen hat. Schauen wir uns an, was das Blut Jesu alles bewirkt:

Das Blut Jesu gibt uns Leben: »Wenn ihr das Fleisch des Menschensohnes nicht esst und sein Blut nicht trinkt, könnt ihr das ewige Leben nicht in euch haben« (Johannes 6,53).

Durch das Blut Jesu werden uns die Sünden vergeben: »Denn das ist mein Blut, das den Bund zwischen Gott und den Menschen besiegelt. Es wird vergossen, um die Sünden vieler Menschen zu vergeben« (Matthäus 26,28) und »Gott hat unsere Freiheit mit seinem Blut teuer erkauft und uns alle unsere Schuld vergeben« (Kolosser 1,14).

Das Blut Jesu gibt uns Schutz: »Das Blut soll ein Zeichen sein an den Häusern, in denen ihr seid: Wenn ich das Blut sehe, werde ich an euch vorübergehen und euch verschonen. Diese Todesplage wird euch nicht treffen, wenn ich Ägypten strafe« (2. Mose 12,13).

Durch sein Blut lebt Jesus Christus in uns: »Wer mein Fleisch isst und mein Blut trinkt, bleibt in mir und ich in ihm« (Johannes 6,56).

Das Blut Jesu bringt uns Frieden: »Durch sein Blut am Kreuz schloss er Frieden mit allem, was im Himmel und auf der Erde ist« (Kolosser 1,20).

Das Blut Jesu hat uns für den Vater erkauft: »Achtet darauf, die Herde Gottes – seine Gemeinde, die er durch das Blut seines eigenen Sohnes erkauft hat –, zu hüten und zu betreuen, über die der Heilige Geist euch als Älteste eingesetzt hat« (Apostelgeschichte 20,28).

Das Blut Jesu macht uns gerecht: »Wir sind gerecht vor Gott, wenn wir glauben, dass Jesus sein Blut für uns vergossen und sein Leben für uns geopfert hat« (Römer 3,25).

Das Blut Jesu macht uns frei.

Das Blut Jesu setzt Segen frei: »Wenn wir am Tisch des Herrn den Kelch segnen, haben wir dann nicht gemeinsam Anteil am Segen des Blutes Christi? Und wenn wir das Brot brechen, haben wir dann nicht gemeinsam Anteil am Segen des Leibes Christi?« (1. Korinther 10,16).

Das Blut Jesu macht uns frei: »Seine Gnade ist so groß, dass er unsere Freiheit mit dem Blut seines Sohnes erkauft hat, sodass uns unsere Sünden vergeben sind« (Epheser 1,7).

Das Blut Jesu bringt uns dem Vater nahe: »Aber nun gehört ihr Christus Jesus. Ihr wart fern von Gott, doch nun seid ihr ihm nahe durch das Blut seines Sohnes« (Epheser 2,13).

Das Blut Jesu zerstört die Werke des Teufels: »Da Gottes Kinder Menschen aus Fleisch und Blut sind, wurde auch Jesus als Mensch geboren. Denn nur so konnte er durch seinen Tod die Macht des Teufels brechen, der Macht über den Tod hatte« (Hebräer 2,14).

Das Blut Jesu schenkt uns Zugang zum Allerheiligsten; wir dürfen uns mit großer Kühnheit nähern: »Deshalb, liebe Freunde, können wir jetzt zuversichtlich in das Allerheiligste des Himmels hineingehen, denn das Blut von Jesus hat uns den Weg geöffnet« (Hebräer 10,19).

Das Blut Jesu schützt uns vor dem Zorn Gottes: »Und da wir durch das Blut von Christus in Gottes Augen gerechtgesprochen worden sind, ist sicher, dass Christus uns vor dem Gericht Gottes bewahren wird« (Römer 5,9).

Durch das Blut Jesu werden wir Teil des neuen Bundes mit Gott: »Ebenso nahm er nach dem Abendmahl den Weinkelch und sprach: ›Dieser Kelch ist der neue Bund zwischen Gott und euch, besiegelt durch mein Blut. Wann immer ihr daraus trinkt, tut es zur Erinnerung an mich‹« (1. Korinther 11,25).

Durch das Blut Jesu werden wir gereinigt: »Letztlich können wir sagen, dass nach dem Gesetz fast alles durch Besprengung mit Blut gereinigt wurde. Ohne Blutvergießen gibt es keine Vergebung der Sünden.« (Hebräer 9,22).

Durch das Blut Jesu werden wir zu Überwindern: »Sie haben ihn durch das Blut des Lammes besiegt und dadurch, dass sie an der Botschaft Gottes festhielten und bereit waren zu sterben« (Offenbarung 12,11).

Durch das Blut Jesu werden wir frei von Gefangenschaft: »Weil ich einen Bund mit euch geschlossen habe, der mit Blut besiegelt ist, befreie ich eure Gefangenen aus der wasserlosen Zisterne« (Sacharja 9,11).

Durch das Blut Jesu, seine Striemen, werden wir geheilt: »Doch wegen unserer Vergehen wurde er durchbohrt, wegen unserer Übertretungen zerschlagen. Er wurde gestraft, damit wir Frieden haben. Durch seine Wunden wurden wir geheilt!« (Jesaja 53,5).

Wenn wir diese Schriftstellen glaubend lesen, dann ist eigentlich keine weitere Erklärung mehr notwendig. Ich möchte deshalb nur eine kurze Geschichte erzählen, die, so unglaublich sie auch klingen mag, für mich doch sehr deutlich macht, was das Blut Jesu bewirkt:

Eine liebe Freundin von mir in den USA stellte jeden Morgen ihren Sohn, der mit 16 Jahren schon Autofahren durfte (in den USA ist das üblich), unter den Schutz des Blutes Jesu. Seine Schule war weit weg, weshalb ihm die Eltern erlaubten, mit dem ältesten Fahrzeug der Familie selbst in die Schule zu fahren.

Nach einigen Monaten hatte der Junge einen Unfall und sein Auto überschlug sich mehrere Male – ein Totalschaden. Er selbst kletterte mit einigen Prellungen, aber sonst unversehrt aus dem Wrack. Als das Auto am nächsten Tag vom Abschleppdienst geborgen wurde, fanden sie ganz viel Blut unter dem Auto. Als sie nachfragten, ob der Fahrer tot geborgen worden sei, und erfuhren, dass der Junge keine einzige Schnittwunde gehabt hatte, waren sie völlig fassungslos. Die Mutter jedoch wusste, dass das Blut nicht von ihrem Sohn war, sondern dass es das Blut Jesu gewesen war, unter dessen Schutz sie ihr Kind jeden Tag gestellt hatte.

Ich fahre nie mein Auto aus der Garage, ohne mich und alle Mitfahrenden unter den Schutz des Blutes Jesu zu stellen. Dasselbe mache ich auch für alle Menschen, die mit uns im Werk und auch außerhalb in irgendeiner Weise verbunden sind. Für mich gibt es keinen besseren Schutz als das Blut Jesu.

15. Sei dankbar und positiv

Dankbarkeit ist eine Kraft, eine Herzenseinstellung, ein Lebensstil. Dankbarkeit kann gelernt werden. Man wird nicht unbedingt mit dieser Gabe geboren. Aber sie ist wichtig und das Wort Gottes fordert uns dazu auf, Gott in allem zu loben und ihm die Ehre zu geben: »Was immer auch geschieht, seid dankbar, denn das ist Gottes Wille für euch, die ihr Christus Jesus gehört« (1. Thessalonicher 5,18).

Du wirst ein dankbares Herz bekommen, wenn du dich immer wieder an die guten Dinge erinnerst, die der Herr schon in deinem Leben getan hat. Und wofür du dankbar bist, das wird sich multiplizieren, da fließt Segen.

Wenn ihr dann gegessen habt und satt seid, sollt ihr den Herrn, euren Gott, für das gute Land, das er euch gegeben hat, loben. Passt aber auf, dass ihr den Herrn, euren Gott nicht vergesst und dann seine Gebote, Vorschriften und Gesetze, die ich euch heute gebe, nicht mehr befolgt. Wenn ihr genug zu essen habt und euch prächtige Häuser baut und darin wohnt, und wenn eure Schaf-, Ziegen- und Rinderherden groß werden und ihr viel Gold, Silber und vieles andere besitzt, dann werdet nicht überheblich und vergesst nicht den Herrn, euren Gott, der euch aus der Sklaverei in Ägypten befreit hat. Denkt nur nicht, ihr wärt aus eigener Kraft und Anstrengung reich geworden. Erinnert euch vielmehr daran, dass es der Herr, euer Gott, ist, der euch die Kraft gibt, Reichtum zu erwerben.

5. MOSE 8,10-14.17-18

Dankbarkeit bringt dich in die Gegenwart Gottes, und zwar unabhängig von den Umständen:

Jubelt dem Herrn zu, ihr Bewohner der Erde! Betet ihn voll Freude an. Kommt zu ihm und lobt ihn mit Liedern. Erkennt, dass der Herr Gott ist! Er hat uns erschaffen und wir gehören ihm. Wir sind sein Volk, die Schafe seiner Weide. Geht durch die Tempeltore mit Dank, tretet ein in seine Vorhöfe mit Lobgesang. Dankt ihm und lobt seinen Namen. Denn der Herr ist gut. Seine Gnade hört niemals auf, und seine Treue gilt für immer.

PSALM 100

Dankbarkeit wirkt wie ein Magnet, denn dankbare Menschen sind zufrieden, freudig, sie konzentrieren sich auf den Segen, das Leben. Gleichzeitig heißt das nicht, dass sie immer frei von Stress, Leid und Schwierigkeiten wären. Gerade deshalb wirkt ihre Lebenseinstellung aber so positiv auf andere.

Was kann dir dabei helfen, dankbar zu werden und zu bleiben?

1. Erkenne, dass Undankbarkeit eine Sünde ist und den Heiligen Geist betrübt

»Verzichtet auf schlechtes Gerede, sondern was ihr redet, soll für andere gut und aufbauend sein, damit sie im Glauben ermutigt werden« (Epheser 4,29).

Bekenne die Sünde der Undankbarkeit und bitte um göttliche Überführung. Glaube, dass Gott einen Ausweg aus jeder Not hat.

2. Hör auf, über Dinge zu reden, die nicht auferbauend sind

Schweig lieber, als Negatives von dir zu geben. »Konzentriert euch auf das, was wahr und anständig und gerecht ist. Denkt über das nach, was rein und liebenswert und bewunderungswürdig ist, über Dinge, die Auszeichnung und Lob verdienen« (Philipper 4,8).

3. Konzentriere dich auf die Segnungen, die so offenbar sind in deinem Leben

Gott hat jedem seiner Kinder unendlich viel geschenkt. Wenn du denkst, dass es in deinem Leben nur Schlechtes gibt, dann glaubst du einer Lüge des Teufels! »Du überschüttest mich mit Segen« (Psalm 23,5) und »Der Gottesfürchtige wird mit Segen überhäuft« (Sprüche 10,6).

4. Entscheide dich zu glauben, dass Gott denen, die ihm vertrauen und ihn lieben, alles zum Besten dienen lassen wird

»Und wir wissen, dass für die, die Gott lieben und nach seinem Willen zu ihm gehören, alles zum Guten führt. Denn Gott hat sie schon vor Beginn der Zeit auserwählt und hat sie vorbestimmt, seinem Sohn gleich zu werden, damit sein Sohn der Erstgeborene unter vielen Geschwistern werde« (Römer 8,28-29).

5. Zieh dich von undankbaren und streitsüchtigen Menschen zurück

»Ich möchte, dass ihr das Gute klar erkennt und euch von allem Bösen fernhaltet« (Römer 16,19). Undankbare Menschen beeinflussen dich negativ. Sie schaffen eine Atmosphäre der Entmutigung. Deine Motivation wird gehemmt, du verlierst Energie. Was dich bisher mit Freude erfüllt hat, erscheint plötzlich als unmöglich. Sie zerstören die Träume Gottes in dir und für dich. Wenn möglich, weiche solchen Menschen aus. David hatte so ein Problem mit Saul:

> *Am nächsten Tag wurde Saul von einem bösen Geist Gottes befallen, sodass er wie ein Wahnsinniger in seinem Haus tobte. David begann, auf der Harfe zu spielen, wie er es immer tat. Doch Saul hatte einen Speer in der Hand und schleuderte ihn nach David in der Absicht, ihn an die Wand zu spießen. David aber konnte dem Speer zweimal ausweichen.*
>
> 1. Samuel 18,10-11

Was sind die Auswirkungen von Undankbarkeit? Undankbarkeit macht dich blind für die Segnungen Gottes. Du wirst kritisch, zynisch und suchst überall das Haar in der Suppe. Doch Gottes Ziel ist es, dich in seine Ruhe und Gegenwart zu führen, damit du seine Güte erkennst und dankbar wirst. Deshalb ist Verlust manchmal die beste Heilung für Undankbarkeit.

Wir kennen auch die Geschichte von den zehn Leprakranken, die Jesus heilte (Lukas 17,11-19). Nur einer kam zurück, um ihm zu danken. Welch traurige Bilanz!

Wir sollen nicht nur für das Gute, sondern für alles dankbar sein: »Singt miteinander Psalmen und Lobgesänge und geistliche Lieder, und in euren Herzen wird Musik sein zum Lob Gottes. Und dankt Gott, dem Vater, zu jeder Zeit für alles im Namen unseres Herrn Jesus Christus« (Epheser 5,19-20).

Vor vielen Jahren hat es mir sehr geholfen, aus meiner Undankbarkeit herauszukommen, als ich Gott, meinem lieben Vater im Himmel, einen sehr langen Brief geschrieben habe und ihm für alles gedankt habe, was mir eingefallen ist, und zwar für das, was ich als gut empfunden habe, aber auch für alles andere (also Verluste, Versagen, Entbehrungen, unerfüllte Wünsche, Enttäuschungen, meine Feinde und alle Ablehnung). Wie wäre es, wenn du auch einmal so einen Brief an Gott schreiben würdest? Du wirst erleben, wie sich viele Knoten und Spannungen in deinem Herzen lösen und neues Vertrauen entsteht.

Ich bin dankbar für ...

- die Steuern, die ich zahle, weil das bedeutet, dass ich Arbeit und ein Einkommen habe.
- die Hose, die ein bisschen zu eng sitzt, weil das bedeutet, dass ich genug zu essen habe.
- das Durcheinander nach der Feier, das ich nun aufräumen muss, weil das bedeutet, dass ich von lieben Menschen umgeben war.
- den Rasen, der gemäht, und die Fenster, die geputzt werden müssen, weil das bedeutet, dass ich ein Zuhause habe.
- die laut vorgetragenen Beschwerden über die Regierung, weil das bedeutet, dass ich in einem freien Land lebe und das Recht auf freie Meinungsäußerung habe.
- die Parklücke ganz hinten am äußersten Ende des Parkplatzes, weil das bedeutet, dass ich mir ein Auto leisten kann.

- die Frau in der Gemeinde, die hinter mir sitzt und falsch singt, weil das bedeutet, dass ich gut hören kann.
- die Wäsche und den Bügelberg, weil das bedeutet, dass ich genug Kleidung habe.
- die Müdigkeit und die schmerzenden Muskeln am Ende des Tages, weil das bedeutet, dass ich fähig bin, hart zu arbeiten.
- den Wecker, der morgens klingelt, weil das bedeutet, dass mir ein neuer Tag geschenkt wird.

Wofür bist du dankbar? Versuche, in allen Dingen, das Positive zu sehen!

> Danken schützt vor Wanken,
> Loben zieht nach oben.
> (Und Zweifel sind vom *Teifel*.)

Kapitel 6

Stolpersteine auf dem Weg

So hat uns Christus also wirklich befreit. Sorgt nun dafür, dass ihr frei
bleibt und lasst euch nicht wieder unter das Gesetz versklaven.

GALATER 5,1

Das ist eine Schriftstelle, die vielen Gläubigen bekannt ist, aber
leben sie auch danach? Viele denken, dass wir zum Dienen freigesetzt wurden. Doch das stimmt nicht! Jesus macht uns um der
Freiheit willen frei. Von Anfang an wurden wir dazu erschaffen,
ihn zu erkennen, uns an ihm zu freuen, ihn zu verherrlichen und
mit ihm in inniger Herzensgemeinschaft zu leben. Er sprach –
und die Welt entstand. Es ist nicht so, dass er die Arbeit nicht
auch alleine geschafft hätte ...

»Gott ist treu. Er hat euch berufen zur Gemeinschaft mit seinem Sohn Jesus Christus, unserem Herrn« (1. Korinther 1,9). Unsere tiefste und erste Bestimmung ist eine innige Herzensbeziehung, die permanente Gemeinschaft mit unserem Herrn. Und es
gibt keine echte Beziehung und Gemeinschaft, wenn sie erzwun-
gen ist. Deshalb schenkte Jesus uns Freiheit zu sein!

Nun gibt es zwei weit verbreitete Probleme in Bezug auf diese
Freiheit. Die einen verwechseln sie mit Unabhängigkeit – doch das
ist keine wirkliche Freiheit. Die anderen wiederum haben unbe-
wusst Angst vor dieser Freiheit, denn sie bedeutet auch Verantwortung; daher begeben sie sich freiwillig wieder in Unfreiheit.

Freiheit bedeutet nicht Unabhängigkeit

Wir dürfen Freiheit nicht mit Unabhängigkeit verwechseln. Man kann unabhängig sein, aber ist doch nicht frei. Viele sind in ihrer Unabhängigkeit gebunden.

Es gibt eine Abhängigkeit, bei der wir andere Menschen als Quelle sehen, man nennt sie auch Kodependenz. Das Wort Gottes sagt in Jeremia 17,5-8 Folgendes:

> *So spricht der Herr: »Verflucht sei, wer sich von mir abwendet und sich nur noch auf Menschen oder seine eigene Kraft verlässt. Der ist wie ein kümmerlicher Wacholderstrauch in der Wüste, der versucht, auf salzigem, unfruchtbarem Boden zu wachsen – er wird nicht viel Glück haben. Aber Segen soll über den kommen, der seine ganze Hoffnung auf den Herrn setzt und ihm vollkommen vertraut. Dieser Mann ist wie ein Baum, der am Ufer gepflanzt ist. Seine Wurzeln sind tief im Bachbett verankert: Selbst in glühender Hitze und monatelanger Trockenheit bleiben seine Blätter grün. Jahr für Jahr trägt er reichlich Frucht.*

JEREMIA 17,5-8

Die höchste Befreiung von solch pervertierter Abhängigkeit, von Kodependenz, ist jedoch nicht Unabhängigkeit, sondern Interdependenz, also gegenseitige Abhängigkeit. Kein Mensch ist eine Insel. Wir brauchen gute Beziehungen zu anderen, um unsere eigene Erfüllung zu finden. Kodependenz bringt Hörigkeit und Knechtschaft mit sich, Interdependenz hingegen die freie Wahl.

Wir haben die Fähigkeit, mit anderen in wechselseitigen Beziehungen zu leben, weil wir etwas zu geben haben. Wenn eine Beziehung allerdings abhängig ist, dann saugt sie den anderen aus. Sie ist wie eine Einbahnstraße.

Interdependenz ist ein gegenseitiger Austausch; man dient einander mit den jeweiligen Gaben und Talenten, die der Herr in einen hineingelegt hat. Die Beziehungen in unseren Gemeinden sollten in dieser Weise interdependent sein – ein Geben und gleichzeitiges Nehmen. Der Herr hat seine Gemeinde so gemacht, dass jeder einen wichtigen Platz darin hat, und zwar einen, den kein anderer so ausfüllen kann wie genau er.

Gott hat unseren Körper mit vielen Gliedern und Organen geschaffen und jedem Körperteil seinen Platz gegeben, wie er es wollte. Was wäre das für ein seltsamer Körper, wenn er nur aus einem einzigen Körperteil bestehen würde! Ja, es sind viele Teile, aber nur ein Körper. Das Auge kann nicht zur Hand sagen: »Ich brauche dich nicht.« Und der Kopf kann nicht zum Fuß sagen: »Ich brauche dich nicht.« In Wirklichkeit sind oft gerade die scheinbar schwächeren oder unwichtigeren Körperteile besonders notwendig ...

So bildet ihr gemeinsam den Leib von Christus, und jeder Einzelne gehört als ein Teil dazu.

1. KORINTHER 12,18-22.27

Nur meine Lunge kann das tun, wozu sie geschaffen ist. Es wäre tragisch, wenn sie gezwungen wäre, den Platz meines Magens einzunehmen. Jeder Teil meines Körpers muss dazu freigegeben werden, das tun zu dürfen, wozu er vom Schöpfer geschaffen wurde. Und gleichzeitig kann er seine Berufung nur dann leben, wenn er in der richtigen Art und Weise mit dem Rest des Körpers verbunden ist. Mein Herz kann das gesündeste Herz der Welt sein, aber wenn es die Entscheidung trifft, als Herz alleine und unabhängig zu leben, getrennt von allen anderen Teilen des Körpers, dann würde es bald sterben.

Wir müssen die Freiheit haben, verschieden zu sein. Aber echte Freiheit ist interdependent, also wechselseitig, und nicht unabhängig. Unabhängigkeit, die in Rebellion wurzelt, ist sogar noch tödlicher als pervertierte Abhängigkeit.

Echte Freiheit erlaubt uns auch, dass wir uns gegenseitig unterordnen. Der Herr Jesus Christus setzte uns frei, sodass wir uns ihm unterordnen können, aber auch einander, um nicht unabhängig von ihm oder von anderen zu leben.

Es ist so frei, es ist erschreckend!

Freiheit kann auch erschreckend sein. In mancher Hinsicht ist es leichter, in den engen Geboten des Gesetzes zu wandeln als in der Freiheit des Geistes. Wenn wir im Gesetz wandeln, dann wurden alle Entscheidungen schon für uns getroffen. Diejenigen, die im Geiste wandeln, müssen jedoch Entscheidungen treffen, müssen weise handeln und die Gabe der Unterscheidung anwenden. Sie müssen lernen, mit dem Geist Gottes zu fließen.

Viele leben lieber unter dem Gesetz und unter autoritärer Herrschaft, als die Verantwortung auf sich zu nehmen, die nötig ist, um im Geist zu wandeln. Nur wenige verstehen, dass die Unterordnung unter das Gesetz bedeutet, dass wir Christus verlassen.

Warum sollte jemand die Sklaverei der Freiheit vorziehen?

Die Kinder Israels sehnten sich zum Beispiel nach dem Knoblauch und den Melonen, die sie in Ägypten gehabt hatten, und vergaßen alle Knechtschaft und alles Leid, das sie dort erlitten hatten (4. Mose 11,5). Es gibt Menschen, die aus dem Gefängnis entlassen werden und gleich wieder bewusst ein Delikt begehen, um wieder hinter Gitter zu kommen. Die neu gewonnene Freiheit ist zu erschreckend für sie. Als Präsident Lincoln den Sklaven in den USA Freiheit verschaffte, war das für einige ohne Bedeutung; sie zuckten die Achseln und gingen zurück zu ihrer Sklavenarbeit. Auch in den ehemaligen kommunistischen Staaten können wir dieses Phänomen immer wieder beobachten. Die Menschen dieser Regimes lebten so lange unter stärkster autoritärer Kontrolle, dass sie teilweise nicht mehr als Freie leben können. Sie haben es nicht gelernt, Entscheidungen zu treffen, die auf den Werten ihres Herzens basieren, noch können sie Verantwortung für sich selbst übernehmen. Es wurde ihnen immer gesagt, was sie zu denken und zu tun haben. Nun, da dies nicht mehr der Fall ist, sehnen sie sich nach dem Kommunismus zurück. Die Demütigungen, die Unterdrückung, die Armut ist ihnen lieber als die Freiheit, die auch Verantwortung mit sich bringt. Wenn man Lügen glaubt, muss man keine Verantwortung übernehmen.

Es gibt auch Gemeinden, in denen die Leiterschaft extrem autoritär ist und alles in der Hand hat – den Lobpreis, die Prophetie, die Seelsorge, das Pastorenamt, alle Strukturen usw. Diese wachsen oft sehr schnell. Warum fühlen sich viele Menschen zu solchen Gemeinden so stark hingezogen? Weil ihnen dort alles abgenommen wird. Sie müssen nicht selbst die Verantwortung dafür übernehmen, von Gott zu hören und geistliche Entscheidungen zu treffen. Alles wird ihnen vorgelegt.

Ja, es gibt viele Menschen, die lieber in der vertrauten Gefangenschaft leben, als sich für die noch nicht vertraute Freiheit zu entscheiden. Auch du kannst gesetzlich freigesprochen sein, aber wenn du die Freiheit nicht annimmst, dann lebst du weiterhin in Gefangenschaft. Viele, die in Christus schon freigesetzt sind, leben weiterhin als Unfreie, weil sie vor der Freiheit Angst haben.

> *Du kannst gesetzlich freigesprochen sein, aber wenn du die Freiheit nicht annimmst, dann lebst du weiterhin in Gefangenschaft.*

Freiheit erfordert Verantwortung. Oft sind wir so sehr daran gewöhnt, von anderen beherrscht zu werden, vom Teufel, der Welt und der Sünde, dass wir nicht wissen, wie wir uns in Freiheit verhalten sollen. Deshalb ist der geistliche Sozialismus von der Wiege bis zum Grab für viele wünschenswerter als der Reichtum und die Fülle einer echten Beziehung mit Jesus.

Drei Gebiete, auf denen wir getestet werden

Wenn Gott Menschen in seinen Dienst ruft, wird er zulassen, dass wir auf drei Gebieten geprüft werden. Er weiß, welche Gefahren auf uns lauern, um uns zu Fall zu bringen, und er will, dass wir in diesen Bereichen reifen und wachsen: Sobald wir auf der »Autobahn der Berufung« angekommen sind, werden finanzielle Verlockungen auf uns warten, werden wir unseren Einfluss weise einsetzen müssen und werden wir verführerische Angebote auf

Beziehungsebene bekommen. Gott möchte, dass wir in allen drei Gebieten »sattelfest« sind. Und das werden wir nur, wenn wir Prüfungen bestehen. Heute las ich – dazu passend – folgendes Wort: »Die Kreuze im Leben sind wie die Kreuze in der Musik: Sie erhöhen.«

Sehen wir uns nun die drei Bereiche näher an:

1. Geld und Besitz

Sammelt keine Reichtümer hier auf der Erde an, wo Motten oder Rost sie zerfressen oder Diebe einbrechen und sie stehlen können. Sammelt eure Reichtümer im Himmel, wo sie weder von Motten noch von Rost zerfressen werden und vor Dieben sicher sind. Denn wo dein Reichtum ist, da ist auch dein Herz.

MATTHÄUS 6,19-21

Menschen, die sich unsicher und minderwertig fühlen, haben meistens eine falsche Einstellung zu Geld und Besitz. Jahrhundertelang wurde der Wert einer Person von seinem finanziellen Status abhängig gemacht. Deshalb streben die meisten Menschen in der westlichen Welt nach Besitz und Vermögen und glauben, damit Sicherheit für ihr Leben zu bekommen.

Anstatt mit dem, was man hat, zufrieden zu sein, stürzen sich viele Menschen in Schulden, nur um mit den Nachbarn mithalten zu können. Sie beneiden diejenigen, die mehr haben als sie. Sie machen ihren Wert abhängig von der Automarke, die sie fahren, von den Etiketten in ihren Kleidern, von der Größe ihres Fernsehbildschirms etc.

Die Frage lautet: Wem wollen wir dienen? Das Wort Gottes sagt uns ganz klar, dass wir nicht zwei Meistern dienen können: entweder wir werden den einen lieben und den anderen hassen oder dem einen treu ergeben sein und den anderen verabscheuen (Matthäus 6,24). Geld ist ein ganz schlechter, grausamer Meister, aber ein guter Diener.

Wenn wir nur auf unser Geld und unseren Besitz schauen und davon unseren Wert ableiten, dann leben wir im Gegensatz zum Wort Gottes. Paulus schreibt im Philipperbrief 4,11b-12a: »Ich habe gelernt, mit dem zufrieden zu sein, was ich habe. Ob ich nun wenig oder viel habe, ich habe gelernt, mit jeder Situation fertig zu werden.«

Wir machen Schulden, um uns und unserer Familie manches flüchtige Bedürfnis zu erfüllen, aber das Wort Gottes sagt in Römer 13,8a: »Bleibt niemandem etwas schuldig, abgesehen von der Liebe, die ihr einander immer schuldig seid.«

Ich will damit nicht sagen, dass Gott nicht möchte, dass es uns gut geht, aber wir sollten uns immer fragen: Warum will ich gerade dies oder das? Was ist meine Motivation dahinter? Will ich damit meine Minderwertigkeit und Unsicherheit zudecken? Wenn wir ehrlich sind, ist das leider oft der Fall.

Im Hebräerbrief 13,5a steht geschrieben: »Hängt euer Herz nicht ans Geld und begnügt euch mit dem, was ihr habt.« Viele wollen jedoch immer mehr: ein größeres Haus, ein teureres und schickeres Auto, einen aufregenderen Urlaub, modernere Kleider und noch vieles mehr. Wir sollten aber *zuerst* sein Reich suchen und seine Gerechtigkeit, und alle anderen Sachen werden uns zufallen: »Wenn ihr für ihn lebt und das Reich Gottes zu eurem wichtigsten Anliegen macht, wird er euch jeden Tag geben, was ihr braucht« (Matthäus 6,33).

Das Streben nach äußerem Reichtum kann unsere Fruchtbarkeit im Reich Gottes sehr negativ beeinträchtigen, davon lesen wir auch in Matthäus 13,22, im Gleichnis vom Sämann: »Die Dornen stehen für jene, die das Wort Gottes hören und es annehmen. Doch viel zu schnell wird es erstickt durch die alltäglichen Sorgen und Verlockungen des Reichtums, und die Ernte bleibt aus.«

Hier steht, dass die Sorge der Welt, das Abgelenktwerden durch den Alltag und der betrügerische Reichtum das Wort Gottes ersticken und wir dadurch keine Frucht bringen. Und es ist tatsächlich eine große Gefahr, dass Menschen, die bereits zum Reich Gottes gehören, die Verheißungen Gottes dafür verwenden, ihre Gier nach Geld, Besitz und Reichtum zu befriedigen. Du wirst entweder Gott oder dem Mammon dienen. Und leider suchen wir oft im Geld die Lösung für unsere Probleme.

Es ist tatsächlich eine große Gefahr, dass Menschen, die bereits zum Reich Gottes gehören, die Verheißungen Gottes dafür verwenden, ihre Gier nach Geld, Besitz und Reichtum zu befriedigen.

Ich bin fest davon überzeugt, dass Gott seine Kinder segnen möchte und es ihnen gut gehen soll. Doch Gott kann dir und mir alles schenken, auch ohne Geld. Er allein ist unsere Quelle.

Ich erinnere mich an eine Zeit in meinem Leben, in der ich sehr knapp bei Kasse war, dringend ein Auto brauchte und monatelang sparte, um es kaufen zu können. Als ich dann das Geld beisammen hatte, sprach der Heilige Geist ganz klar zu mir, ich solle den ganzen Betrag einem Ehepaar schenken, das sich gerade darauf vorbereitete, als Missionare mit Wycliff in den Fernen Osten zu ziehen.

Ich sagte dem Herrn, dass das hart ersparte Geld meine einzige Chance war, um dieses Auto, das ich glaubte, so dringend zu brauchen, kaufen zu können. Doch er sagte mir nochmals, dass ich das Geld diesem Missionarsehepaar schenken solle, und zwar so schnell wie möglich.

Ich wusste, dass ich jetzt gehorsam sein und tun musste, was der Herr mir sagte. Also schenkte ich das Geld dem Ehepaar. Die beiden waren überglücklich, denn es war genau der Betrag, den sie brauchten, um ihre Sachen in den Fernen Osten verschiffen zu können. Bereits wochenlang hatten sie dafür gebetet, dass das Geld dafür irgendwie zusammenkäme. Mein Herz erfüllte sich mit Freude und Frieden – wie immer, wenn ich gehorche.

Als ich Gott dann fragte, was ich jetzt machen sollte, denn das Auto brauchte ich ja schließlich immer noch, legte er mir aufs Herz, meine Eltern um ein Darlehen zu bitten (ich lebte zu der Zeit in den USA). Sofort schickten mir meine Eltern einen Scheck über den gesamten Betrag. Sie schrieben dazu, dass sie schon länger darauf gewartet hätten, dass ich etwas brauche, weil meine Geschwister in Österreich in der Zwischenzeit so viel bekommen hätten, und ich nichts. Deshalb wollten sie mir das Geld schenken. Ich war sprachlos. Das hatte ich nicht erwartet und ich jubelte von ganzem Herzen.

Jetzt lebe ich schon viele Jahre in Afrika und der Herr hat mir klargemacht, dass ich ihm in Bezug auf alle meine Bedürfnisse vertrauen soll. Ich bekomme nur eine geringe Pensionszahlung aus Österreich und kein Gehalt. Aber ich komme aus dem Staunen nicht heraus, wie der Herr mich und meine Kinder versorgt und wie er alle unsere Bedürfnisse befriedigt gemäß seines Reichtums in Herrlichkeit. Hier nur zwei weitere Beispiele:

Eine mittlerweile 93-jährige Geschäftsfrau aus München, die über eine liebe Freundin von unserer Arbeit erfahren hat, schickt mir viele ihrer Kleider, die sie nicht mehr tragen kann, weil sie inzwischen kleiner geworden ist und sich viel weniger in der Öffentlichkeit bewegt als früher. Die Kleider sind genau mein Stil und passen mir wie angegossen. Welch ein Geschenk des Himmels!

Eine andere Freundin, die mir sehr nahesteht, ist Juwelierin. Immer wieder sagt Gott ihr, sie solle mir Schmuck schenken. Als ich ihr liebevoll beibringen wollte, dass ich schon genug Schmuck habe, denn mein lieber Mann Herbert (der schon im Himmel ist) und meine lieben Eltern haben mir auch immer gerne Schmuck geschenkt, meinte sie nur: »Du bist still, ich gehorche Gott und du sagst Danke!«

Wir dienen einem wunderbaren Gott, der seine Kinder liebt und ihnen gerne alles gibt, was sie *brauchen*. Allerdings ist das nicht immer das, was wir wollen. Aber er ist ein eifersüchtiger Gott. Er alleine ist unsere Quelle für alles und gibt uns Sicherheit und Wert:

Darum sage ich euch: Sorgt euch nicht um euer tägliches Leben – darum, ob ihr genug zu essen, zu trinken und anzuziehen habt. Besteht das Leben nicht aus mehr als nur aus Essen und Kleidung? Schaut die Vögel an. Sie

müssen weder säen noch ernten noch Vorräte ansammeln, denn euer
himmlischer Vater sorgt für sie. Und ihr seid ihm doch viel wichtiger als
sie. Können all eure Sorgen euer Leben auch nur um einen einzigen Au-
genblick verlängern? Nein. Und warum sorgt ihr euch um eure Kleider?
Schaut die Lilien an und wie sie wachsen. Sie arbeiten nicht und nähen
sich keine Kleider. Trotzdem war selbst König Salomo in seiner ganzen
Pracht nicht so herrlich gekleidet wie sie. Wenn sich Gott so wunderbar
um die Blumen kümmert, die heute aufblühen und schon morgen wieder
verwelkt sind, wie viel mehr kümmert er sich dann um euch? Euer
Glaube ist so klein! Hört auf, euch Sorgen zu machen um euer Essen
und Trinken oder um eure Kleidung. Warum wollt ihr leben wie die
Menschen, die Gott nicht kennen und diese Dinge so wichtig nehmen?
Euer himmlischer Vater kennt eure Bedürfnisse. Wenn ihr für ihn lebt
und das Reich Gottes zu eurem wichtigsten Anliegen macht, wird er euch
jeden Tag geben, was ihr braucht. Deshalb sorgt euch nicht um morgen,
denn jeder Tag bringt seine eigenen Belastungen. Die Sorgen von heute
sind für heute genug.

MATTHÄUS 6,25-34

Wenn wir unseren Wert in unserem Besitz und unserem Geld suchen, dann suchen wir unser Glück letztlich am Baum der Erkenntnis von Gut und Böse. Dann glauben wir, dass Gott uns
nicht alleine versorgen kann.

Doch im Philipperbrief 4,19 bekommen wir die Gewissheit,
nach der wir uns so sehnen: »Und mein Gott wird euch aus seinem
großen Reichtum, den wir in Christus Jesus haben, alles geben,
was ihr braucht.«

Gott ist unsere Quelle, Geld ist unser Diener. Menschen, die in
ihrem Leben wahres, bleibendes Wachstum in allen Bereichen ihres Lebens erfahren, sind die Investoren, nicht die Konsumenten.
Konsumenten denken immer nur: »Wie viel kann ich für mich
herausholen?« Ein Investor hingegen fragt: »Wie viel kann ich einbringen, damit alles ein Segen wird?«

Die allgemeine Verblendung, dass wir uns durch Geld und Besitz Sicherheit und Wert verschaffen können, verursacht manchen

heftigen Kampf in unseren Gedanken und in unserem Herzen. Deshalb hat Jesus uns in Matthäus 19,24 gesagt, dass es leichter für ein Kamel ist, durch das Nadelöhr zu kommen, als für einen reichen Menschen in das Himmelreich. Das bedeutet nicht, dass Geld und Besitz an sich schlecht sind. Jesus hatte nie ein Problem mit reichen Leuten. Er erkannte nur, wie Reichtum die Unsicherheit und Minderwertigkeit eines Menschen zu verdecken versucht. Er wusste, dass der Feind den klaren Blick von vielen Menschen trübt, weil sie der Lüge glauben, dass Geld ihnen Sicherheit und Wert verschafft.

Jesus wusste, dass der Feind den klaren Blick von vielen Menschen trübt, weil sie der Lüge glauben, dass Geld ihnen Sicherheit und Wert verschafft.

Das war auch das Problem des reichen Jünglings, der zu Jesus kam und fragte, was er tun solle, um das ewige Leben zu bekommen. Jesus antwortete ihm: »Wenn du vollkommen sein willst, dann geh und verkaufe alles, was du hast, und gib das Geld den Armen, und du wirst einen Schatz im Himmel haben. Dann komm und folge mir nach« (Matthäus 19,21).

Der reiche Jüngling setzte jedoch sein ganzes Vertrauen auf seinen Besitz, und deshalb ging er betrübt fort. Jesus gab ihm die Gelegenheit, frei zu werden, aber er wollte nicht. Das heißt jedoch nicht, dass Jesus Armut verherrlichte. Er sprach oft vom Segen für die Gehorsamen.

Als Gott mich vor einigen Jahren nach Afrika rief, war mein erster Gedanke: Ich werde die zwei Häuser in Imst/Tirol verkaufen und in Afrika alles verschenken. Da hörte ich eine ganz klare Stimme in meinem Herzen: »Ich schicke dich nicht nach Afrika, damit es dir schlechter geht, sondern den Afrikanern besser. Vertraue mir in Bezug auf alles.« Und ich könnte wirklich ganz viele wunderbare Geschichten erzählen, wie Gott gewirkt und uns versorgt hat. Er hat uns noch nie im Stich gelassen.

Ich glaube, Gott bittet uns manchmal um ein Opfer, das uns wirklich etwas kostet, nur um uns deutlich zu machen, dass *er* die

Quelle all unserer Versorgung ist, nicht unser Bankkonto – so war das damals mit dem Geld für das Auto.

Lass dich vom Feind nicht verführen. Bitte Gott, dass er dein Herz durchforscht, ob du deine Sicherheit und deinen Wert noch in deinem Besitz, deinem Geld suchst. Und dann lasse dich von ihm von dieser Belastung und Bindung freisetzen. Er wird es tun!

> Man muss wie Pilger wandeln,
> frei, bloß und wahrlich leer,
> viel sammeln, halten, handeln
> macht unsern Gang nur schwer.
> Wer will, der trag sich tot,
> wir reisen abgeschieden,
> mit wenigem zufrieden,
> wir brauchen's nur in Not.

Gerhard Tersteegen

Eine Parabel macht deutlich, was unser Ziel im Leben sein und um was es uns vor allem gehen sollte:

Eine Frau kam aus ihrem Haus und sah drei ihr unbekannte Männer mit langen, weißen Bärten in ihrem Vorgarten sitzen. Sie sagte sich: »Ich kenne sie zwar nicht, aber sie sehen hungrig aus.« Und dann wandte sie sich an sie und meinte: »Bitte kommen Sie herein und essen Sie etwas.«

»Ist der Herr des Hauses daheim?«, fragten sie.

»Nein«, antwortete die Frau, »er ist weg.«

»Dann können wir Ihr Haus nicht betreten«, erwiderten sie.

Als ihr Mann abends nach Hause kam, erzählte sie ihm, was geschehen war.

»Geh und sag ihnen, ich sei jetzt zu Hause, und lade sie ein, hereinzukommen.«

Die Frau ging nach draußen und bat die drei Männer hereinzukommen.

»Wir betreten kein Haus zusammen«, antworteten sie.

»Wieso denn?«, wollte sie wissen.

Einer der älteren Männer erklärte: »Sein Name ist Reichtum«, und deutete dabei auf den Mann neben ihm. »Und das ist Erfolg und ich bin Liebe.« Dann fügte er hinzu: »Nun gehen Sie hinein und besprechen Sie mit Ihrem Mann, welchen von uns Sie in Ihrem Heim haben möchten.«

Die Frau ging zurück ins Haus und erzählte ihrem Mann, was ihr gesagt worden war. Der war überglücklich. »Wie schön!«, rief er aus. »In diesem Fall lass uns Reichtum einladen. Lass ihn herein und unser Haus mit Reichtum füllen.«

Seine Frau stimmte nicht zu. »Schatz, warum laden wir nicht Erfolg ein?«

Aus einer anderen Ecke des Hauses kam gerade die Schwiegertochter dazu. Auch sie hatte einen Vorschlag: »Wäre es nicht besser, Liebe einzuladen, dann würde unser Heim mit Liebe erfüllt?«

»Lass uns den Rat unserer Schwiegertochter befolgen«, meinte der Mann zu seiner Frau. »Geh hinaus und lade Liebe ein, unser Gast zu sein.«

Die Frau ging hinaus und fragte die drei Männer: »Welcher von Ihnen ist Liebe? Bitte kommen Sie doch herein und seien Sie unser Gast!«

Liebe stand auf und ging ins Haus. Doch auch die beiden anderen standen auf und folgten ihm.

Verdutzt fragte die Frau Reichtum und Erfolg: »Ich habe nur Liebe ins Haus gebeten. Warum kommen Sie auch herein?«

Die alten Männer erwiderten gemeinsam: »Wenn Sie Reichtum und Erfolg eingeladen hätten, wären die anderen beiden draußen geblieben. Aber da Sie Liebe eingeladen haben, kommen wir mit. Denn wo es Liebe gibt, gibt es auch Reichtum und Erfolg!«

2. Autorität und Einfluss

Das Reich Gottes ist keine Demokratie, sondern ein Königreich mit einem König, dem Herrn aller Herren. Es geht darum, dass wir uns Jesus und seiner Herrschaft unterstellen und nicht selbst nach Einfluss und Autorität streben. Ich glaube, dass David auch deswegen ein Mann nach dem Herzen Gottes genannt wurde, weil er die Ordnungen Gottes respektierte und seine Hand nicht gegen Saul erhoben hat (1. Samuel 24). Er erkannte den Gesalbten Gottes an, selbst als dieser nicht mehr im Gehorsam Gottes wandelte. David durfte erleben, wie Gott für ihn kämpfte und ihn befreite – er musste sich nicht selbst zu seinem Recht verhelfen.

Ein Bereich, der uns immer wieder in Schwierigkeiten bringen kann, wenn wir auf dem Weg zu unserer Bestimmung sind, ist der der Autoritätspersonen in unserem Leben, allen voran die Beziehung zu unseren Eltern.

Ihr Kinder sollt euren Eltern gehorchen, weil ihr dem Herrn gehört, denn so handelt ihr richtig. »Ihr sollt Vater und Mutter ehren.« Das ist das erste der Gebote, an das eine Zusage Gottes geknüpft ist: Wenn du deinen Vater und deine Mutter ehrst, »wird es dir gut gehen und du wirst ein langes Leben haben«.

EPHESER 6,1-3

Vor vielen Jahren wurde mir eines Tages bewusst, dass sich alle Autoritätspersonen in meinem Leben spätestens nach einem Jahr so verhielten wie mein Vater. Und ich ahnte langsam, aber sicher, dass das wahrscheinlich weniger mit ihnen als mit mir zusammenhing.

Ich war zu der Zeit in den USA und es wurde ein Kongress angekündigt, bei dem es um die »Befreiung von ungelösten Jugendkonflikten« ging. Ich meldete mich an und gleich der erste Vortrag hatte das vierte Gebot zum Thema: »Ehre deinen Vater und deine Mutter. Dann wirst du lange in dem Land leben, das der Herr, dein Gott, dir geben wird« (2. Mose 20,12).

Meine erste Reaktion war, dass es diesbezüglich bei mir keine Probleme gab. Ich hatte immer die Familienfeste organisiert, nie einen Geburtstag vergessen, auf meine Geschwister geachtet ... Doch gleich am ersten Abend sagte der Herr zu mir: »Maria, du bist ein Rebell!« Ich war entsetzt, denn so hatte ich mich nicht eingeschätzt.

Nachdem ich Jesus mit sieben Jahren mein Herz gegeben habe, bin ich jeden Tag in die Kirche gegangen, um dort mit meinem himmlischen Papa zu reden – ich habe so eine große Liebe für ihn empfunden. Mein leiblicher Vater war ein fleißiger, treuer und hart arbeitender Mann, der voll und ganz damit zu tun hatte, in der Kriegs- und Nachkriegszeit für seine Familie zu sorgen, damit das Notwendigste vorhanden war. Da gab es nicht viel Zeit für die Kinder, und schon gar nicht, um mit ihnen zu spielen oder mit ihnen über das Leben zu reden und zu diskutieren. Arbeit war das tägliche Motto. Außerdem sah ich meinen Vater nie beten oder regelmäßig zur Kirche gehen. Deshalb fasste ich irgendwann den Entschluss in meinem Herzen: »Mein Vater kennt Gott nicht, also hört er ihn auch nicht. Von jetzt an muss ich alle Entscheidungen selbst treffen – im Gebet und wenn nötig mit Fasten.«

Wenn ich dann nach viel Gebet zu einer klaren Entscheidung in meinem Herzen kam und sie meinem Vater mitteilte, sagte er immer Nein, was mich sehr verletzte. Ich dachte, dass ich um meines Glaubens willen leiden müsse. Ich erkannte jedoch nicht, dass ich in meinem Herzen meinem Vater schon sehr früh die Autorität über mein Leben abgesprochen hatte und ihn immer nur mit vollendeten Entscheidungen konfrontiert hatte. Sein Geist wiederum erkannte und spürte die Rebellion in mir, und deshalb sagte er schon fast automatisch Nein zu allen meinen Mitteilungen und Vorschlägen.

Der Herr überführte mich bei dieser Konferenz von meiner so tief versteckten und religiös übertünchten Rebellion. Ich war erschrocken über mich selbst. Sofort schrieb ich meinen Eltern einen Brief und erzählte ihnen, dass Gott mir gezeigt hatte, dass ich im Herzen ein Rebell war, und bat sie um Vergebung. Und damit sie mir wirklich glaubten, wie ernst es mir mit meiner Umkehr war, ging ich ein großes Risiko ein:

Wie ich schon erwähnte, lebte ich zu dieser Zeit in den USA, wo ich sehr glücklich war und mich daheim fühlte. Meine Eltern allerdings hätten mich lieber zurück in Österreich gesehen. Und so wagte ich Folgendes: Ich schrieb meinen Eltern, dass ich mich jetzt ihrem Schutz unterstellen wollte. Ich bat sie um Vergebung für meine Rebellion und meine Unabhängigkeit. Und damit sie sehen konnten, wie ernst es mir damit war, ließ ich sie entscheiden: Wenn sie wirklich wollten, dass ich wieder nach Österreich zurückkehre, dann sollten sie es sagen und ich würde heimkommen. Aber wenn sie sehen konnten, dass ich vorerst in den USA bleibe, dann würde ich um ihren Segen bitten.

Mit Furcht und Zittern warf ich den Brief in den Briefkasten und bat meinen Gebetskreis darum, dafür zu beten, dass meine Eltern die richtige Entscheidung trafen. Sehr schnell kam dann ein Antwortschreiben. Ich machte mir eine gute Tasse Tee, setzte mich in den bequemsten Sessel, den ich hatte, und machte schöne Lobpreismusik an, bevor ich den Brief sehr zögerlich öffnete. Ich war mir sicher, dass sie schreiben würden, ich solle sofort nach Hause kommen.

Zu meiner großen Überraschung las ich Folgendes: »Unser liebes Kind, wir haben auch Fehler gemacht, bitte vergib uns und wir vergeben dir. Wenn du wieder nach Hause kommen willst, dann sind die Türen offen, und wenn du in den USA bleiben willst, dann segnen wir dich dafür.«

Ich war sprachlos und weinte vor Dankbarkeit und Freude. Es folgten dann noch viele fruchtbare Jahre in den USA, bevor mich der Herr wieder nach Europa zurückrief. (In diesen Jahren gab es aber immer wieder Heimaturlaube und auch Besuche meiner Familie bei mir.)

Ich entschloss mich damals auch dazu, nie zu heiraten, ohne den Segen und das Wohlwollen meiner Eltern zu haben. Ich wusste, dass mein Vater der Meinung war, dass christliche Männer ihre Frauen nicht richtig materiell versorgen können. Als Herbert dann viele Jahre später bei meinen Eltern um meine Hand anhielt, geschah Folgendes:

Wir waren als Familie beim gemütlichen Kaffeetrinken mit Kuchen, als mein lieber Herbert seine Bitte um meine Hand kundtat.

Mein Vater versank einige Zeit in Gedanken, aber dann sagte er: »Der Mann spinnt genauso wie du, ihr passt zusammen!« Das war seine ehrliche Meinung.

Am Hochzeitstag knieten wir beide vor meinen Eltern nieder (Herbert hatte seine bereits verloren) und baten um ihren Segen. Sie fingen an, vor Ergriffenheit zu weinen, und meinten: »Aber das haben wir noch nie getan.« Ich ermutigte sie: »Mama und Papa, dann wird es höchste Zeit, damit anzufangen!«

Nach kurzem Zögern legten sie uns beiden dann die Hände auf den Kopf und sprachen die Worte: »Wir segnen euch im Namen des Vaters, des Sohnes und des Heiligen Geistes!« Mir standen alle Haare zu Berge, so stark war die Salbung in diesem Moment.

Ich kann nicht sagen, wie sehr mir diese Erfahrungen geholfen haben, das Wort Gottes zu schätzen und die Autoritäten, die Gott in mein Leben gestellt hat, zu respektieren und unter ihrem Schutz zu bleiben.

In der Bibel finden wir viele Beispiele dafür, wie Kinder ihren Eltern Ehrerbietung entgegengebracht haben. In 1. Mose 47,11-12 lesen wir beispielsweise von Josef:

> *Josef ließ seinen Vater und seine Brüder in der Gegend von Ramses, im fruchtbarsten Gebiet Ägyptens, wohnen und gab ihnen dort Grundbesitz – wie der Pharao es angeordnet hatte. Er versorgte seinen Vater und seine Brüder auch mit Nahrung nach der Größe ihrer Familien.*

Und vom zwölfjährigen Jesus lesen wir: »Daraufhin kehrte er mit ihnen nach Nazareth zurück und war ihnen ein gehorsamer Sohn« (Lukas 2,51a).

3. Beziehungen

> *Wisst ihr nicht, dass Menschen, die Unrecht tun, keinen Anteil am Reich Gottes erhalten werden? Täuscht euch nicht. Menschen, die sich auf Unzucht einlassen, Götzendiener, Ehebrecher, Prostituierte, Homosexuelle,*

Diebe, Habgierige, Trinker, Lästerer, Räuber – keiner von ihnen wird am Reich Gottes teilhaben. Früher traf dies auf einige von euch zu, doch jetzt sind eure Sünden abgewaschen und ihr seid für Gott ausgesondert worden. Ihr wurdet vor Gott gerecht gesprochen durch den Namen von Jesus Christus, dem Herrn, und durch den Geist Gottes. Wer aber dem Herrn gehört, ist ein Geist mit ihm. Deshalb haltet euch fern von aller Unzucht! Keine andere Sünde hat so große Auswirkungen auf den Körper wie diese, denn Unzucht ist eine Sünde gegen den eigenen Körper. Oder wisst ihr nicht, dass euer Leib ein Tempel des Heiligen Geistes in euch ist, der in euch lebt und euch von Gott geschenkt wurde? Ihr gehört nicht euch selbst, denn Gott hat einen hohen Preis für euch bezahlt. Deshalb ehrt Gott mit eurem Leib!

1. KORINTHER 6,9-11.17-20

Gott erschuf Adam und Eva mit reinen sexuellen Wünschen. Ihre natürliche Anziehung zueinander setzte eine tiefe Intimität und Beziehung frei. Sie waren zuerst eins im Geiste, dann in der Sexualität. Satan hasste diese vollmächtige und wunderbare Einheit der Ehe und hat von Anfang an versucht, einen Keil in diese Beziehung zu treiben, um die perfekten Pläne Gottes zu zerstören.

Wir sehen immer mehr Ausschweifungen auf dem Gebiet der Sexualität, die der Feind uns als »normal« verkaufen möchte, und wir sehen auch die daraus resultierende Not und die Zerbrochenheit unserer Gesellschaft, weil viele diesen Lügen glauben.

Im 2. Petrusbrief 3,1 heißt es, dass Petrus einen lauteren (reinen) Sinn bei seinen Lesern erwecken bzw. ihnen zu einer gesunden Einstellung verhelfen will. Und Paulus mahnt in Philipper 4,8, dass man darauf bedacht sein soll, was wahrhaftig, ehrbar, gerecht, rein, liebenswert ist und einen guten Ruf hat.

Wenn wir unseren Gedanken erlauben, von den Informationsfluten des Internets, Fernsehens, von Zeitungen, Werbung, Magazinen verschmutzt zu werden, dann sind wir wie Menschen, die einem Müllwagen gestatten, seinen Inhalt in unseren schönen Garten zu werfen. Wer würde da nicht aufschreien und klar Nein sagen?! Aber genau das lassen wir in Bezug auf unsere Sinne zu.

Ich habe schon kurz erzählt, dass ich jahrelang sehr viel Angst davor hatte, dass ich Nonne werden müsste, wenn ich mein Leben zu einhundert Prozent Gott übergebe, wenn ich es ihm ohne Wenn und Aber schenke. Eines Tages hatte ich jedoch den Eindruck, dass der Herr sagt: »Du bist meine Nonne in der Welt!«

Das ergab keinen Sinn für mich und ich fragte zurück, wie ich das denn verstehen solle. Ich wusste: Eine Nonne ge-

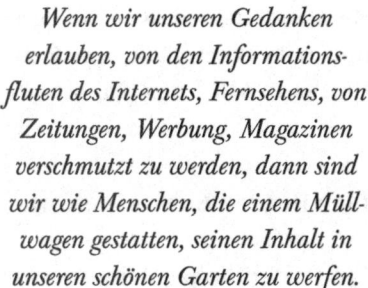

Wenn wir unseren Gedanken erlauben, von den Informationsfluten des Internets, Fernsehens, von Zeitungen, Werbung, Magazinen verschmutzt zu werden, dann sind wir wie Menschen, die einem Müllwagen gestatten, seinen Inhalt in unseren schönen Garten zu werfen.

lobt (in der Regel) Armut, Gehorsam und Reinheit. Der Herr antwortete mir dann, dass wahre Armut bedeutet, dass nichts, aber auch wirklich gar nichts auf dieser Welt mir gehört. Ich bin nur ein Verwalter.

Das hatte ich bereits erkannt, denn wenn man anfängt, Menschen und Dinge besitzen zu wollen, besteht die Gefahr, dass man davon besessen wird. Gehorsam bedeutet, das Wort Gottes als Autorität anzuerkennen und dem geoffenbarten Willen Gottes zu gehorchen – auch das hatte ich schon erkannt. Und zum Thema Reinheit sagte mir Gott, dass das in der Ehe und außerhalb der Ehe gelte.

Das hat bei mir eingeschlagen wie eine Bombe. Ich war dankbar für diese Offenbarung, die mir unendlich viele Irrwege und selbst zugefügte Schmerzen erspart hat. Ja, in diesem Sinne wollte ich Gottes Nonne in der Welt sein!

Als mein Mann und ich heirateten, war für uns klar, dass das Gelübde gilt, bis dass der Tod uns scheidet. Und immer, wenn es in unserer Ehe kriselte, wiederholten wir laut gemeinsam unser Eheversprechen, um dem Feind zu signalisieren, mit wem er es zu tun hatte. Das hat uns wirklich sehr geholfen.

Viele Frauen kamen zu meinem Mann zur Seelsorge, und immer hat er mich gebeten, dass ich im Raum bleibe, selbst, wenn ich nur stricke oder Wäsche flicke. Das hat für eine klare Atmosphäre gesorgt.

Wir sind in einem Krieg und wir müssen die Weichen stellen. Lass dein Denken täglich vom Wort Gottes erneuern. Erlaube Reinheit, deinen Ruf zu beschützen. Fliehe jeder Versuchung und bete regelmäßig um Reinigung deines Herzens durch das Blut Jesu. Mit Jesus Christus in uns schaffen wir es!

Der innere Schweinehund

Ein letzter Stolperstein, den wir uns ansehen wollen, ist unser sogenannter »innerer Schweinehund«. Er sorgt dafür, dass wir Dinge, die wir eigentlich als richtig erkannt haben, nicht umsetzen, sondern endlos vor uns herschieben – vielleicht, weil wir Angst von ihnen haben, vielleicht, weil wir einfach zu bequem sind, vielleicht, weil wir uns von bestimmten Bereichen unseres Lebens nicht trennen wollen. Eine kleine Parabel macht deutlich, um was es letztlich geht:

In einem Land war eine Hungersnot ausgebrochen und ein Huhn und ein Schwein machten sich viele Gedanken über die Not der Kinder, die in dieser Gegend wohnten. Sie überlegten und überlegten, wie sie helfen könnten, aber es fiel ihnen nichts Passendes ein. Daher entschlossen sie sich, eine Nacht darüber zu schlafen.

Am nächsten Morgen kam das Huhn eilig gackernd mehr angeflogen als angelaufen. Das Schwein wartete schon und war verwundert über die sichtbare Aufregung seines Freundes. Auf die Frage, ob das Huhn nun doch noch eine gute Idee bekommen hätte, wie man den hungernden Kindern helfen könnte, meinte es, völlig außer Atem:

»Ja, ja, ich habe die beste Idee bekommen. Wir geben diesen Kindern Schinken mit Ei.«

Das Schwein grunzte etwas betroffen und sagte nur mit gesenktem Kopf: »Für dich ist das ein kleiner Beitrag, für mich ist es aber totale Hingabe!«

Fast könnte man zu dem Schluss kommen, dass das Schwein in uns sterben muss, damit Jesus allen Raum bekommt. Auch der Hund, der vor allem versucht, sich selbst zu schützen, muss ans Kreuz. Somit hätten wir die Lösung für den inneren Schweinehund! Nehmen wir das in Angriff, was wir erkannt haben!

Kapitel 7

Gott macht keine Fehler

Ihr seht also, dass es unmöglich ist, ohne Glauben Gott zu gefallen. Wer
zu ihm kommen möchte, muss glauben, dass Gott existiert und dass er
die, die ihn aufrichtig suchen, belohnt.

HEBRÄER 11,6

Wenn wir in unsere Bestimmung durchbrechen wollen, dann müssen wir von ganzem Herzen überzeugt sein, dass es Gott immer gut mit uns meint, auch wenn wir nicht alles verstehen, was uns widerfährt. Und Gott macht keine Fehler – das hat mein lieber Herbert, der schon vor zwanzig Jahren heimgerufen wurde, immer wieder zu mir gesagt und davon bin ich bis heute fest überzeugt.

Herbert war fünfzehn Jahre älter als ich. Als er starb, war er 69 und ich 54 Jahre alt. Er sagte mir kurz vor seinem Tod: »Maria, du schaust auf Jesus und machst weiter. Der Herr wird dir starke Männer und Frauen zur Seite stellen. Mein Leben ist erfüllt. Ich habe alles von Gott bekommen, was ich mir je gewünscht habe. Und vergiss nie: Gott ist immer gut; er macht keine Fehler. Er ist der Schöpfer und wir sind die Geschöpfe.«

Das hat sich wie ein Ohrwurm in mein Herz gelegt ... Gott ist gut und er macht keine Fehler. Heute, zwanzig Jahre später, kann ich nur staunen, welch gute Pläne der Herr für mich hatte und wie wunderbar sich mein Leben im Reich Gottes entfalten darf. Ich bin schon oft so tief von der Liebe Gottes berührt worden, dass ich aus Dankbarkeit nur weinen konnte.

Eine kleine Geschichte macht sehr gut deutlich, dass Gott es immer richtig macht:

Ein großer König hatte einen treuen Diener. Dieser war von der Güte Gottes völlig überzeugt, ganz gleich, was geschah. Und immer wieder sagte er zu seinem Herrn: »Mein König, sei nie entmutigt, denn alles, was Gott tut, ist perfekt, er macht nie einen Fehler.«

Eines Tages gingen sie auf die Jagd und ein wildes Tier griff den König an. Dem Diener gelang es, das wilde Tier zu töten, aber er konnte nicht verhindern, dass der König dabei einen Finger verlor.

Zornig und ohne die geringste Dankbarkeit, dass der Diener ihm das Leben gerettet hatte, schrie der König: »Ist Gott gut? Wenn er gut wäre, dann hätte er verhindert, dass mich das wilde Tier angreift, und vor allem hätte er verhindert, dass ich einen Finger verliere!«

Der Diener antwortete: »Mein König, trotz all dieser Geschehnisse kann ich immer wieder nur sagen, dass Gott gut ist und er weiß, warum er etwas zulässt. Gott ist perfekt und er macht nie einen Fehler!«

Überschäumend vor Zorn über diese Antwort ließ der König den Diener ins Gefängnis werfen.

Einige Zeit später ging der König wieder jagen und geriet in eine Horde von Menschenfressern, die ein Opfer suchten. Als er schon auf dem Altar angebunden lag, um geopfert zu werden, entdeckten sie, dass ihm ein Finger fehlte. Sofort lösten sie die Stricke und der König wurde freigelassen. Das Opfer musste ohne Makel und Tadel sein.

Nach seiner Rückkehr ließ der König den Diener aus dem Gefängnis holen und empfing ihn mit viel Wärme und Dankbarkeit. »Mein Lieber, Gott war wirklich gut zu mir auf dieser Jagd. Sie wollten mich gerade töten, als sie entdeckten, dass mir ein Finger fehlt. Da ließen sie mich wieder frei. Aber jetzt habe ich noch eine Frage: Wenn Gott so gut ist, warum hat er dann erlaubt, dass ich dich ins Gefängnis gesteckt habe?«

»Mein lieber König, wenn ich mit dir auf dieser Jagd gewesen wäre, dann hätten sie mich an deiner Stelle geopfert, denn mir fehlt kein Finger. Darum will ich nochmals betonen: Gott ist immer gut, er weiß, was er tut, und macht nie einen Fehler!«

Gott erfüllt, was er verheißt

Ja, Gott macht nie einen Fehler – und er erfüllt, was er verheißt! Da ich das älteste Kind von vier Geschwistern war, erzog mich meine Mutter sehr streng und machte mich zur »Aufsichtsperson« für meine jüngeren Geschwister. So weit ich mich zurückerinnern kann, war ich immer zu Kindern hingezogen, die arm waren, denen es an Liebe mangelte, die leiden mussten, und wollte sie stets mit nach Hause nehmen. Mein Traum als junges Mädchen war es, mindestens zehn eigene Kinder zu haben. Aber ich durfte nie ein Kind gebären. Wie passte das zusammen mit dem Wort, das der Herr mir schon sehr früh gegeben hatte und das immer wieder von anderen Menschen bestätigt wurde? »Freue dich, du Unfruchtbare, die nie gebar! Freue dich, jauchze und jubele, auch wenn du nie in Wehen lagst. Denn die alleinstehende Frau, die keine Kinder bekommen konnte, hat jetzt mehr Kinder als die, die verheiratet ist« (Jesaja 54,1). Sollte das meine Bestimmung sein – aber wie sollte das gehen? Dann bekam ich auch öfter prophetisch zugesagt, dass ich eine Mutter der Nationen werde. Das konnte ich mir schon gar nicht vorstellen – denn wie konnte das sein, wo ich doch nie ein eigenes Kind geboren hatte?!

Ich konnte und wollte diese Schriftstellen und Zusagen nicht mehr hören und sehen und doch wurden sie mir immer wieder von Menschen zugesprochen. Ich wollte nicht »mehr Kinder«, ich wollte eigene Kinder! Doch Gottes Wege sind höher als unsere Wege – und noch dazu viel besser. Er ließ diese Verheißung in meinem Leben Wirklichkeit werden:

Ich habe einige Jahre an Mittelschulen, Berufsschulen und auch Hauptschulen unterrichtet und überall bekam ich den Spitznamen »Mutti« von den Kindern verliehen, wie sie mir erst bei späteren Klassentreffen verrieten.

Mit vierzig Jahren gab mir der Herr dann das Wort aus Jesaja 60,4b: »Deine Söhne kommen aus fernen Ländern; deine Töchter werden auf den Armen getragen.« Und genau das hat der Herr getan.

Er hat mir zwei afrikanische Söhne geschenkt (Zwillinge, die nach vielen Jahren der Trennung bei mir wieder zusammengefunden haben) und eine Tochter, die im Alter von neun Monaten zu mir gekommen ist, ein herzerfrischendes Kind. Sie erinnert mich immer wieder daran, dass die Verheißung auch »Töchter« enthielt – es musste also noch ein Mädchen nachkommen!

Maria und Tochter Angel

Familienfoto 2012

Die Zwillinge Patrick und Richard

Daneben nennen mich Tausende von Kindern hier in Uganda »Mama Maria«. Ich kann mit Gewissheit sagen, dass ich die glücklichste Mutter geworden bin, und von Herzen bin ich dankbar für den Plan, den Gott mit mir hatte und hat.

Bei einer Einweihung

Kindergartenkinder

Diese Prophetien haben sich erfüllt, als ich den Wunsch nach Kindern endgültig aufgegeben hatte und keinerlei Hoffnungen diesbezüglich mehr hegte, dass dieser sich noch auf natürliche Weise erfüllen könnten. Ich war 63 Jahre alt, als mein erster Sohn Richard kam, 66, als mir mein Baby Angel geschenkt wurde, und 69, als der Zwillingsbruder Patrick zu uns stieß.

Gott erfüllt, was er verspricht – auch und gerade in Bezug auf unsere Bestimmung. Denken wir nur an Abraham und Sara: Er war 100 Jahre und Sara 90 Jahre alt, als ihnen noch das »Kind der Verheißung«, Isaak, geschenkt wurde.

Vertraue dem Herrn, dass er weiß, wann der richtige Zeitpunkt für alles in deinem Leben ist. Er hält, was er verspricht. Wir können voll und ganz vertrauen. Und: Gott hat dich als Original geschaffen, stirb nicht als Kopie!

Ein paar Impressionen von unserem Werk in Uganda:
All diese Gebäude durften wir mit Gottes Hilfe bauen!

Beim Bau unseres Waisendorfs

Unser Haus Hope

Unser Café Marianne von innen

Unsere Töpferei

Einige Cottages auf unserem Gelände

Bibelschule auf dem Gebetsberg

Epilog: Komm in deine Bestimmung

Komm voller Vertrauen zu Gott und koste und schmecke, wie gut er ist. Er liebt dich mehr als jeder andere, auch als du selbst.
Ordne dich den Ordnungen Gottes unter, denn der Respekt für Gott, die Gottesfurcht ist der Anfang aller Weisheit.
Meide das Böse.
Mach jeden Tag zu einem Feiertag, denn jeder Tag ist einmalig, war noch nie da und wird nie mehr wiederkommen.

In Jesus Christus alleine ist die Fülle des Lebens, denn Jesus ist gekommen, um uns das Leben in Fülle zu schenken (Johannes 10,10) – tauch ein in diese Fülle!
Niemand und nichts kann dich von der Liebe Jesu trennen (Römer 8,38-39) – mach dir das immer wieder bewusst.

Diene Gott und den Menschen von Herzen. Er hat schon genug Berater. Melde dich zum Dienst.
Ehre, wem Ehre gebührt.
In dir lebt der Löwe von Juda, nicht der Angsthase – verhalte dich entsprechend.
Nein ist für Christen kein schlechtes Wort im passenden Augenblick – wage, es zu benutzen!
Erweise dich allezeit dankbar, denn danken schützt vor Wanken, loben zieht nach oben und Zweifel sind vom *Teifel*.

Bleib allezeit mit Jesus Christus und seinem Wort verbunden. Bewahre den Frieden Gottes in deinem Herzen. Bekenne deine Schuld und kehre um.
Erkenne, wer du in Jesus Christus bist. Erzähle von Jesus bei jeder Gelegenheit, die du bekommst.
Sei ein Täter des Wortes Gottes. Suche zuerst sein Reich und seine Gerechtigkeit (Matthäus 6,33) und frage dich immer, was Jesus Christus in der Situation tun will, in der du dich gerade befindest.

Trink von der Quelle des Lebens. Lass dich »volllaufen« mit dem Heiligen Geist, der das Leben, die Freude, den Frieden, die Kraft, die Entschiedenheit, den Glauben und das Vertrauen auf Gott in dir freisetzt.

Investiere dein ganzes Leben in das Reich Gottes. Gott hat jeden Tag gute Werke für dich vorbereitet – wandle freudig in ihnen (Epheser 2,10).

Mach dich täglich neu auf und werde Licht, denn der Herr wird das gute Werk vollenden, das er in dir begonnen hat (Philipper 1,6). Gottes Bestes liegt noch vor dir!

Merke dir: Gott ist für dich, wer kann dann gegen dich sein (Römer 8,31)? Gott ist in den Schwachen mächtig (2. Korinther 12,9).

Und werde ein großzügiger und freudiger Geber nach dem Herzen Gottes und ein unverdienter und unverschämter Empfänger der Gnade Gottes.

Niemals sollst du aufhören, Gott zu vertrauen. Auch wenn du durchs Wasser oder Feuer gehst, er ist bei dir und wird dich nie, nie verlassen oder im Stich lassen (Jesaja 43,2).

Gott will, dass allen Menschen geholfen wird und sie zur Erkenntnis der Wahrheit kommen (1. Timotheus 2,4) – mache dich eins mit diesem Auftrag. Gehorche Gott (geh und horch)! Gib dich hundertprozentig mit allem, was du bist und hast, in die Führung des Heiligen Geistes. Gib alle Ehre Gott – du darfst die Freude behalten!

Unsere Bestimmung

Was das Wort Gottes zum Thema Berufung sagt

Erinnert euch, liebe Brüder, dass nur wenige von euch in den Augen der Welt weise oder mächtig oder angesehen waren, als Gott euch berief.

1. KORINTHER 1,26

Ich bete, dass eure Herzen hell erleuchtet werden, damit ihr die wunderbare Zukunft, zu der er euch berufen hat, begreift und erkennt, welch reiches und herrliches Erbe er den Gläubigen geschenkt hat.

EPHESER 1,18

Als ein Gefangener für den Herrn fordere ich euch deshalb auf, ein Leben zu führen, das eurer Berufung würdig ist, denn ihr seid ja von Gott berufen worden.

EPHESER 4,1

Nein, liebe Freunde, ich bin noch nicht alles, was ich sein sollte, aber ich setze meine ganze Kraft für dieses Ziel ein. Indem ich die Vergangenheit vergesse und auf das schaue, was vor mir liegt, versuche ich, das Rennen bis zum Ende durchzuhalten und den Preis zu gewinnen, für den Gott uns durch Christus Jesus bestimmt hat.

PHILIPPER 3,13-14

Ihr wisst, dass wir zu euch waren wie ein Vater zu seinen Kindern. Wir haben euch Mut gemacht und getröstet und euch ermahnt, so zu leben, dass Gott mit euch zufrieden sein kann. Denn er hat euch in sein Reich berufen und dazu, seine Herrlichkeit mit ihm zu teilen.

1. THESSALONICHER 2,11-12

Gott hat uns erlöst und berufen; nicht aufgrund unserer Taten, sondern weil er schon lange, bevor es die Welt gab, entschieden hatte, uns durch Christus Jesus seine Gnade zu zeigen.

2. TIMOTHEUS 1,9

Nicht ihr habt mich erwählt, ich habe euch erwählt. Ich habe euch dazu berufen, hinzugehen und Frucht zu tragen, die Bestand hat, damit der Vater euch gibt, was immer ihr ihn in meinem Namen bittet.

JOHANNES 15,16

Inspiriertes Gebet

Für mich selbst oder als Fürbitte nach Epheser 1,17-21

O Gott unseres Herrn Jesus Christus, Vater der Herrlichkeit,
schenke mir den Geist der Weisheit und Offenbarung,
damit ich **dich** und **deinen Willen** klar erkennen kann.
Erleuchte mir die Augen des Herzens,
damit ich weiß, was die Hoffnung **deiner Berufung** für mich ist,
damit ich weiß, was der Reichtum der Herrlichkeit **deines Erbes**
in mir, dem Geheiligten in Christus, ist und
damit ich weiß, was die überschwängliche Größe **deiner Kraft**
an mir, dem Glaubenden, ist,
nach der Wirksamkeit der Macht **deiner Stärke,**
die du hast wirken lassen, indem **du Jesus** von den Toten auferweckt
und auf den **Thron zu deiner Rechten** im Himmel gesetzt hast –
hoch über jede Gewalt und Macht und Kraft und Herrschaft
und hoch über jeden Namen:
damals, heute und in alle Ewigkeit!

AMEN

Was Jesus für mich am Kreuz getan hat

... und was das in meinem Leben bedeutet.

1. Jesus wurde für mich bestraft, damit ich Vergebung empfangen kann.
2. Jesus wurde geschlagen, damit ich heil werden kann.
3. Jesus wurde für mich zur Sünde, damit ich gerecht werde durch seine Gerechtigkeit.
4. Jesus starb den Tod, den ich verdient habe, damit ich leben kann.
5. Jesus wurde am Kreuz zum Fluch, damit ich Segen empfangen kann.
6. Jesus trug am Kreuz meine Armut, damit ich an seiner Fülle teilhaben kann.
7. Jesus trug am Kreuz meine Scham und Schande, damit ich Anteil an seiner Herrlichkeit habe.
8. Jesus trug am Kreuz meine Ablehnung, damit ich seine Annahme beim Vater habe.
9. Jesus wurde durch meine Schuld vom Vater getrennt, damit ich ewige Gemeinschaft mit Gott habe.
10. Der alte Mensch ist mit Jesus am Kreuz gestorben, damit der neue Mensch in mir leben kann.

Wenn wir diese Wahrheiten im Herzen verstehen, dann beginnt wahrlich ein neuer Weg mit Jesus. Wir werden erkennen, dass der Vater aus lauter Liebe zu jedem Einzelnen von uns seinen einzig geborenen Sohn Jesus Christus auf diese Welt geschickt hat, damit wir, die wir an ihn glauben, nicht verloren gehen, sondern ewiges Leben haben. Welch ein unermessliches Geschenk und welche Gnade!

Weitere Bücher von Maria Luise Prean-Bruni:

Gott spielt in meinem Leben keine Rolle – er ist der Regisseur

Maria Luise Prean-Bruni erzählt aus ihrem ereignisreiches Leben – ein begeisternder Bericht, der Sie fesseln wird!

Gebunden, 13 x 21 cm, 162 S.
Nr. 224.496

Lola Gola

Erfrischende, herausfordernde Impulse für Ihr Leben mit Gott. Loslassen und Gott lassen – kurz: Lola Gola.

Gebunden, 13,5 x 20,5 cm, 220 S.
Nr. 226.257

Mit Gottes Flügeln kannst du fliegen

Ein Bildband mit kurzen Texten, die Ihnen neuen Mut zusprechen und Ihnen Kraft geben für anstehende Herausforderungen.

Gebunden, 21 x 21 cm, 72 S.
Nr. 629.446

SCM

R.Brockhaus